Chloé Genovesi Fluitman et Lauraine Meyer

Moi, j'aurais pas fait comme ça...

Comprendre les injonctions qui pèsent sur les parents
pour enfin se réconcilier

MANGO Society

Sommaire

INTRODUCTION

POURQUOI LE SUJET DE LA PARENTALITÉ EST-IL SI CLIVANT ?

Il suffit de taper « injonctions faites aux parents » dans un moteur de recherche pour afficher des centaines de pages de réponses. Conseils, avis et commentaires non sollicités s'invitent dès l'annonce de la grossesse et s'imposent dans le quotidien, au point de faire partie intégrante de nos vies.

Autrices passionnées de questions sociétales et mères de jeunes enfants, nous avons mené l'enquête pour décrypter ce phénomène et mieux comprendre comment s'en préserver.

Qui est à l'origine de ces injonctions ?

Les enquiquineurs et les enquiquineuses du quotidien ont un profil très hétéroclite, puisqu'il peut s'agir de nos parents, de nos amis, de nos soignants, de nos collègues, de nos voisins de train… ou de nous-même. Mis à part le besoin universel de donner son avis, quel est le dénominateur commun entre toutes ces personnes ? Elles gravitent autour des parents, c'est tout.

Si on écoute attentivement chaque injonction (bonne chance), on comprend qu'elles véhiculent toutes des messages très différents. Elles s'attaquent à nos corps, à nos compétences, à nos vies intimes et à nos relations ; elles idéalisent la maternité ou, au contraire, la méprisent.

Bien que le message change d'un interlocuteur à l'autre, ces micro-agressions sont beaucoup trop fréquentes pour tenir de l'évènement isolé. Nous avons donc exploré ce qui s'opérait au niveau individuel et collectif : pourquoi tout le monde juge les parents ? Pourquoi l'entourage est-il aussi intrusif ? Pourquoi sommes-nous bombardés d'informations contradictoires ? Nos proches comprennent-ils qu'ils sont blessants ? Pourquoi avons-nous tant de mal à faire confiance à nos aînés ?

Nous avons sollicité des parents, des grands-parents, mais aussi des psychologues spécialisés en périnatalité, des sociologues et des autrices pour réfléchir ensemble à ces questions et envisager des solutions adaptées pour se protéger. Au fil des témoignages, nous avons constaté à quel point l'enfant cristallisait des enjeux publics et privés, dont le seul point commun visible était d'être imprégnés de biais sociétaux.

Décrypter les enjeux pour comprendre les injonctions

Moi, j'aurais pas fait comme ça... tente de répondre aux questions suivantes (entre autres) :

- Quel est le rapport entre la défaite contre la Prusse de 1870 et les interdits de grossesse ?
- Peut-on développer une addiction aux certitudes et aux fausses croyances au point de perdre son discernement ?
- Comment la dépénalisation de l'avortement et l'accès à la contraception ont-ils influencé la maternité ; pour le meilleur, évidemment... mais pas seulement ?
- « Pose-le, tu vas devenir son esclave ! », « Laisse-le pleurer un peu ! », « À notre époque, on n'était pas autant obnubilés par nos enfants »... Pourquoi nos boomers de parents répètent-ils les mêmes phrases au mot près, sans se connaître entre eux ?
- La science a-t-elle enfin réglé son problème avec les femmes ?
- Peut-on parler couches et biberons avec nos proches sans enfants ?
- Internet a-t-il sa propre personnalité et ses propres aspirations ?
- Pourquoi les pères sont-ils seulement 22 % à se lever la nuit autant que leur compagne ?
- Doit-on arrêter de se moquer de ses collègues, même si ça défoule ?
- À quoi ressemble le parent parfait ? Quel est son projet dans la vie ?
- La parentalité est-elle capitaliste ?

Toutes ces questions ont bien un rapport direct avec ce livre. Elles permettent même de comprendre pourquoi ces micro-agressions tiennent du systémique, malgré des injonctions qui se contredisent selon les personnes, et des pressions spécifiques aux différents modèles des familles et à leur style de vie.

Un livre pour les victimes d'injonctions et leurs alliés

Les injonctions à la parentalité n'épargnent plus personne, mais elles s'attaquent encore majoritairement aux mères, qu'elles soient solos ou en couple. Ce livre aborde de nombreuses expériences spécifiquement vécues par elles.

Nous avons également consacré plusieurs parties au couple hétérosexuel, qui s'impose toujours comme norme absolue en matière de relation et de parentalité... à condition de bien suivre la trajectoire cohabitation-mariage-bébé, évidemment ! Un modèle conventionnel et valorisé, mais aussi très inégalitaire, puisque la répartition traditionnelle et genrée des rôles au sein du couple hétéro désavantage les femmes au profit des hommes. Les mères subissent des pressions à l'extérieur... et à l'intérieur du foyer.

Moi, j'aurais pas fait comme ça... s'adresse pourtant à tous les parents, quel que soit leur genre. D'abord parce que nous nous intéressons à la place grandissante des hommes dans la sphère parentale. Ensuite parce que ce livre permet aux partenaires d'appréhender les défis spécifiques rencontrés par les mères, et conjointes, qui partagent leur vie.

Enfin et surtout, ce livre existe pour nous réconcilier avec le monde extérieur... en tout cas, *a minima*, pour éviter que son brouhaha ne pollue notre quotidien.

L'ANNONCE de la GROSSESSE

A *nnonce de grossesse. A priori*, ce terme évoque un moment magique et complice avec les gens qu'on aime. Les futurs grands-parents sont émus aux larmes, eux qui rêvaient en secret d'après-midi tourniquet et toboggan.

Du côté des amis, on savoure l'honneur d'accueillir ce nouveau membre dans un groupe qui n'attendait que lui. On imagine volontiers des applaudissements, des sourires fiers ou des mots réconfortants, et une relation plus soudée que jamais.

Évidemment, rien ne se passe jamais comme prévu.

D'abord, les futurs parents doivent savoir qu'une loi physique, encore non théorisée, exige que personne ne comprenne jamais les annonces de grossesse du premier coup.

Une fois la confusion rituelle dissipée, les futurs parents sont confrontés à une réalité encore plus troublante : à l'arrivée d'un enfant, tout le monde déraille. Les proches voient défiler leur vie devant leurs yeux et se projettent à tout-va. La société s'emballe, surexcitée par ce nouveau citoyen en devenir, et le corps médical s'impose comme figure d'autorité omnipotente de la grossesse.

Dès l'annonce, absolument tout le monde a son mot à dire, que ça plaise ou non aux parents !

ALORS...
L'ANNONCE !
CE MOMENT OÙ ON FLOTTE DANS LE BONHEUR...
ET L'ANXIÉTÉ !
TU AVAIS BEAUCOUP D'ATTENTES, TOI, POUR CE MOMENT ?
AH ! AH ! C'ÉTAIT UN PEU SPÉCIAL, LA PREMIÈRE FOIS QUE JE SUIS TOMBÉE ENCEINTE, C'ÉTAIT UNE SURPRISE.
ON A PRIS LE TEMPS DE RÉFLÉCHIR...
MAIS UNE FOIS QUE LA DÉCISION A ÉTÉ PRISE, ÇA N'A PAS ÉTÉ DIFFICILE DE L'ANNONCER.
ET TOI ?
MOI, AU CONTRAIRE, C'ÉTAIT TRÈS ATTENDU, J'AVAIS PEUR QUE LA RÉACTION DES GENS NE SOIT PAS À LA HAUTEUR DE MES ESPÉRANCES.
FINALEMENT, ÇA A ÉTÉ.
MÊME SI J'AURAIS AIMÉ ENCORE PLUS D'ENTHOUSIASME ET DE DÉMONSTRATIONS.
JE COMPRENDS...
MAIS IL FAUT SURTOUT AVOIR CONSCIENCE QUE CETTE NOUVELLE PEUT ÊTRE ACCUEILLIE DE FAÇONS TRÈS DIFFÉRENTES SELON LE VÉCU DE CHACUN !

TEST DE GROSSESSE
MON AMOUR, JE SUIS ENCEINTE !!!
OH MON DIEU !!
C'EST MERVEILLEUX !!
IL FAUT QU'ON L'ANNONCE À NOS FAMILLES !
ALLÔ, MAMAN, PAPA ? JULIE EST ENCEINTE !
SUR SON PETIT NUAGE
ÇA Y EST, ON EST VIEUX !
ALLÔ ?
MAMAN, JE SUIS ENCEINTE !
AH !
MAIS... TU ES SÛRE QUE C'EST LE BON MOMENT POUR TA CARRIÈRE ?
VOUS ALLEZ LE GARDER ?

ON EST ENCEINTE !
TADAAAAAAM !
C'EST MALIN DE NOUS BALANCER ÇA À LA FIGURE !
BOUHOU !
ÇA FAIT TROIS ANS QU'ON ESSAIE !
PSST ! JE SUIS ENCEINTE DE DEUX MOIS !
BFF
ET TU NE ME LE DIS QUE MAINTENANT ?
JE CROYAIS QU'ON ÉTAIT PROCHES, TOI ET MOI !
BOUM
ÇA Y EST MEC, JE VAIS ÊTRE PAPA !
EH BEN, BONNE CHANCE MON POTE ! TU VAS VOIR, LES GOSSES C'EST UNE TANNÉE !
ILS T'USENT JUSQU'À L'OS, JE TE JURE !
J'AI PAS DORMI DEPUIS 2020...
DE QUOI VOUS FAIRE VITE DÉGRINGOLER DE VOTRE PETIT NUAGE !
AAAAAAH !

QUELLES SONT LES INJONCTIONS QU'ON REÇOIT À CE MOMENT-LÀ ?
PFF... PAR QUOI ON COMMENCE ?
LES PLUS COURANTES ?

1
NE L'ANNONCE PAS TROP TÔT...
SI JAMAIS TU FAIS UNE FAUSSE COUCHE !
OUI, MAIS SI JE FAIS UNE FAUSSE COUCHE ET QUE PERSONNE N'EST AU COURANT, QUI VA ME SOUTENIR, QUI VA ME CONSOLER ?
JE PRÉFÈRE PARTAGER LES BONNES COMME LES MAUVAISES NOUVELLES.
SUN

2
SURTOUT N'Y PENSE PAS TROP.
SINON ÇA VA TE STRESSER, C'EST PAS BON POUR LE BÉBÉ...
QUOI ?!
MAIS J'AI ATTENDU CE MOMENT TOUTE MA VIE, COMMENT JE POURRAIS NE PAS Y PENSER ?

3
TU DOIS ÊTRE TELLEMENT HEUREUSE !
30 ANS, C'EST LE BON ÂGE POUR UN PREMIER ENFANT.
OUI, EUH... JE NE SAIS PAS...
J'AVAIS D'AUTRES PLANS QUE DE ME CONSACRER À UN ENFANT, LÀ...
MAIS JE VAIS Y RÉFLÉCHIR...
4
ATTENDS...
TU NE VAS PAS AVORTER QUAND MÊME ?
MAIS... TU N'AS PAS À ME DIRE QUOI FAIRE !!
MON CORPS, MON CHOIX.
5
PAPA, J'AI DÉCIDÉ DE GARDER LE BÉBÉ !
SUPER !! ET LE PÈRE ?
QUOI, LE PÈRE ?
BEN, IL LUI FAUT UN PÈRE À CET ENFANT !
RAAAH, MAIS C'EST PAS VRAI !
BEN QUOI, QU'EST-CE QUE J'AI DIT ?

EH BEN, HEUREUSEMENT QUE ÇA NE SE PASSE PAS TOUJOURS COMME ÇA !
WOW!!
CLAIREMENT, IL FAUT ÊTRE BLINDÉES DÈS LE DÉBUT DE LA GROSSESSE !
J'AVOUE QUE MOI-MÊME, JE ME RAPPELLE AVOIR DIT "ENCORE ?!" À UNE COPINE QUI M'ANNONÇAIT SA DEUXIÈME GROSSESSE...
J'AI BIEN HONTE MAINTENANT.
TU SAIS CE QUI EST LE PLUS DUR ?
C'EST QUE C'EST UN TRUC TELLEMENT INTIME ET IMPORTANT...
QU'ON A DU MAL À LE COMPRENDRE SOI-MÊME !
D'OÙ LA PEUR DE METTRE CETTE INFORMATION ENTRE LES MAINS DE QUELQU'UN D'AUTRE QUI NE LA RESPECTERAIT PAS...
EXACTEMENT !
MOI, JE PENSE QU'IL FAUT SE PROTÉGER ET SE CONFIER À DES PERSONNES DE CONFIANCE, BIENVEILLANTES.
COMME MOI ?
COMME TOI !

Dès l'annonce, les futurs parents sont témoins de réactions maladroites, étranges, voire carrément blessantes. L'arrivée d'un bébé ébranle autant la sphère privée que la sphère publique. Cet enfant rappelle à l'entourage proche que le temps passe très vite, qu'on ait l'impression d'avoir réussi sa vie... ou non. Côté société, cet enfant est avant tout perçu comme un futur citoyen, et on le veut vaillant et bien adapté.

Ces projections trahissent surtout l'état d'esprit de celles et ceux qui les expriment, mais pour les futurs parents qui les reçoivent, elles sonnent toujours comme des attaques personnelles.

Par exemple, quand ils disent :

« Tu penses vraiment que c'est le bon moment ? »

Ce qu'on entend : « J'ai toujours su que tu étais irresponsable et inconsciente. »
Ce qu'ils veulent dire : « Je projette mes angoisses. Mais promis, c'est ma manière de te montrer que je m'inquiète pour toi. Et pour la planète, et pour le futur. »

« Vous aussi ? C'est une épidémie ou quoi ? Avec qui on va faire la fête, nous ? »

Ce qu'on entend : « Ciao les traîtres ! Vous n'êtes plus assez cool pour nous ! »
Ce qu'ils veulent dire : « C'est ça, rien ne va changer. On la connaît cette promesse, et vous les parents, vous ne la tenez jamais. Dès que votre bébé est là, on vous voit beaucoup moins et vous nous manquez. »

« Ah, euh, d'accord... »

Ce qu'on entend : « Personne ne veut vous entendre vous plaindre. »
Ce qu'ils veulent dire : « J'aimerais tellement me réjouir pour vous, mais je commence à saturer d'apprendre les grossesses de mes proches alors que je rêve d'un enfant depuis des années. »

« Je vous préviens, personne ne m'appellera Mémé ! »

Ce qu'on entend : « Ne comptez pas sur moi pour vous aider, j'ai beaucoup mieux à faire de ma vie. »
Ce qu'ils veulent dire : « Mais c'est moi le parent, et toi l'enfant. Si toi tu prends ma place, moi je deviens quoi ? Ça veut dire que je suis vieux ? Non seulement je perds mon enfant, mais, en plus, je suis vieux ? »

« Ça sera une petite fifille à sa Mamy. Oui, c'est une fille ! J'ai le don pour sentir ces choses-là. »

Ce qu'on entend : « Je vais m'insinuer dans vos vies, jusqu'à vous faire perdre la raison. Ensuite, ce sera facile de voler le bébé. »
Ce qu'ils veulent dire : « Et si ce bébé me permettait de trouver un nouveau sens à ma vie et de me rapprocher de mon enfant qui s'est éloigné de moi ? »

Comment réagir face aux réactions de l'entourage ?

Les injonctions verbales ne constituent pas les seules micro-agressions dénoncées par les parents. Les pressions se manifestent de plusieurs manières et s'intriquent entre elles, dès l'annonce de la grossesse. Autant savoir immédiatement à quoi on risque d'être confronté et ce qu'on doit attendre (ou non) de nos proches.

« Oh ça va ! c'est pas méchant » : qu'est-ce qui blesse les parents ?

Si le terme *injonction* définit l'action d'enjoindre, dans le domaine de la parentalité, il s'agit d'un mot-valise qui désigne tous les comportements et les paroles malvenues à l'égard des parents, qui ne se limitent pas aux avis non sollicités et aux commentaires gênants.

Les avis et les commentaires non sollicités

« À mon époque [...] », « Mais pourquoi il n'a pas de chaussettes ? », « Ah oui, tu n'as peur de rien toi... ».

Selon une étude publiée en 2022, 91 % des parents recevraient des conseils et des réflexions non sollicitées. Si certaines personnes se permettent d'être carrément frontales, d'autres lâchent ces petites phrases sous couvert de « bonne intention », d'« inquiétude », de « partage » ou de « gentillesse ».

Bien attentionné ou pas, au dixième « Couvre-le, il va prendre froid ! », la fumée nous sort par les naseaux. Si les proches se défendent de n'avoir « [presque] rien dit ! », l'accumulation de tous ces « presque rien » pèse lourd dans la balance des nuisances quotidiennes.

La minimisation des maux et l'incompréhension

Tout le monde a sa propre idée de la parentalité : comment mener une grossesse, comment accoucher, comment élever un enfant, que ressentir à chacune de ces étapes... Ces avis se basent sur des projections et des expériences uniques. Ils ne reflètent pas la vérité du parent en face.

Lorsque ledit parent exprime ses difficultés, il se confronte alors à de l'incompréhension, des jugements, ou pire : de l'indifférence.

« Ça pourrait être pire ! », « Tu l'as voulu, de quoi tu te plains ?! », « Un enfant, c'est la plus belle chose au monde ». À l'instar des conseils non sollicités, ces réactions incitent, consciemment ou non, les jeunes parents à adopter le comportement attendu. La minimisation du vécu blesse davantage que les phrases maladroites, tant elle exacerbe le sentiment de solitude.

Le manque de soutien des proches

On pensait qu'on s'embarquait dans une belle aventure humaine intergénérationnelle, et on se retrouve avec des papys et des mamys qui ont des emplois du temps de ministres, et peu d'intérêt pour la puériculture. Pour les parents, ce manque de relais spontané et de soutien matériel constitue une violence au même titre que les injonctions et les minimisations de leur vécu.

Pour éviter les conflits et partir sur de bonnes bases, on peut confronter les attentes et poser des limites en amont. La plupart du temps, patience et communication suffisent à désamorcer les tensions.

Quand ce n'est pas le cas, on peut prendre la distance qui s'impose, et même mettre fin à la relation. À l'arrivée d'un enfant, un tri s'opère spontanément dans l'entourage, qui permet de ne garder que les personnes qui nous veulent du bien... et d'enfin trouver le courage de s'éloigner des autres.

On répond quoi aux commentaires désobligeants ?

« C'est un accident ? » : « Pas du tout, pourquoi ? »

« Vous allez foutre votre vie en l'air » : « Tu penses sincèrement qu'un enfant est encore plus pénible que toi ? »

« C'est la plus belle chose qui soit » : « Encore plus belle qu'avoir un chien ? »

« Ne comptez pas sur nous ! » : « Et après, on se plaint que personne ne vient rendre visite aux personnes âgées ! »

« C'est le bébé chéri de son papy et sa mamy » : « Génial ! On vous réserve le canapé-lit pour que vous veniez gérer les nuits ! »

L'histoire des injonctions à la parentalité en France

On ne peut pas parler des injonctions et des commentaires de l'entourage direct sans aborder les injonctions sociétales qui, souvent inconsciemment, influencent profondément nos valeurs et nos opinions. Si tous les parents du monde subissent de l'ingérence et des remarques non sollicitées, leur nature change en fonction des pays et des communautés.

« La France a besoin de bébés » : le berceau des injonctions contemporaines

En France, nous devons nos injonctions à Napoléon III, et à sa défaite contre la Prusse en 1870. Le taux de natalité baisse depuis le XVIIIe siècle. Avec la mobilisation massive d'hommes valides, l'année 1870 est particulièrement frugale et le taux continue de chuter les années suivantes.

À cette époque, la mortalité périnatale est aussi très élevée. En 1870, 16,9 % des enfants décédaient avant l'âge d'un an[1]. Dans les maternités, les médecins accoucheurs n'ont pas encore acquis les bases d'hygiène élémentaire, et ce sont parfois des services entiers qui sont emportés par des fièvres puerpérales (fièvre causée par une infection contractée pendant ou après l'accouchement, souvent par manque de précautions sanitaires).

Pour la prochaine guerre, il n'y aura pas suffisamment de monde pour espérer une victoire. Les adultes manquent et on ne peut pas miser sur les enfants qui naissent pour les remplacer. Il faut agir, et vite : si on ne peut pas fabriquer des grandes personnes prêtes à l'emploi, on peut mieux surveiller les femmes enceintes pour augmenter les chances de survie de leurs bébés.

« Sans la médecine, les femmes mourraient encore en couche » : entre progrès scientifique et ingérence

Dès la fin du XIXe siècle, les maternités se modernisent et les conditions d'hygiène s'améliorent. On a désormais identifié la source des infections bactériennes qui menacent les parturientes et leurs enfants. On isole les maternités (et leurs patientes) du reste des services hospitaliers. Ces nouvelles mesures fonctionnent.

1. É. Van de Walle, « La fécondité française au XIXe siècle », revue *Communications*, 1986.

En 1946, le taux de mortalité infantile est tombé à 77,8 pour 1 000, contre 155 pour 1 000 en 1901[2]. La médicalisation et le suivi de règles drastiques assurent des grossesses saines et des enfants en bonne santé.

En 2023, le taux est de 4 pour 1 000[3]. La France a remporté son combat contre la sélection naturelle et les erreurs humaines. Pourtant, la menace démographique n'est jamais loin. Lorsque le président de la République Emmanuel Macron évoque un « réarmement démographique », il réaffirme la position nataliste de la France et le devoir reproducteur des Françaises, chargées de fournir des enfants vaillants. Heureusement, elles peuvent compter sur l'avis de tous ceux qu'elles croisent sur leur chemin. Après tout, rappeler une femme enceinte à l'ordre au nom des risques pour son enfant et futur patriote, c'est un devoir citoyen !

« Qu'est-ce que vous voulez de plus ? » : les évolutions sociétales au XXe siècle

En parallèle des avancées scientifiques, la société évolue. Jusqu'à la fin des années 1960, les injonctions faites aux parents concernent exclusivement les femmes puisque ce sont les garantes de la sphère familiale et domestique. Elles sont bien entendu dévouées à leur famille, cuisinent à la perfection et élèvent des petits citoyens patriotes.

Depuis les années 1970, les femmes contrôlent leur fécondité. On imagine que, libérées de trop nombreux enfants, elles ont tout le temps qu'il leur faut pour gérer leur carrière, leur vie personnelle et leur foyer. Le statut de mère n'est plus valorisé, même si on a longtemps continué de trouver normal que les femmes s'occupent seules de leur foyer. L'émergence d'Internet et d'une génération qui s'autorise peu à peu à vivre la parentalité qui lui ressemble a redistribué les cartes, mais n'a pas éliminé les injonctions.

Conclusion

Les avancées sociétales et scientifiques du XXe siècle ont remis en question la famille traditionnelle et la répartition genrée des rôles. De nouveaux modèles de famille ont émergé, alors qu'en parallèle Internet a généralisé l'accès à l'information instantanée et a permis de visibiliser des expériences plurielles (familles monoparentales, recomposées, homoparentales, etc.). Mais chaque phénomène, même positif, entraîne son lot d'injonctions. Au XXIe siècle, l'accès aux ressources implique de les exploiter pour façonner un enfant optimal.

2. « La mortalité infantile est stable depuis dix ans après des décennies de baisse », insee.fr, 2018.
3. *Ibid.*

la GROSSESSE

LA MÉTHODE RIRI :

En devenant parent, on découvre avec surprise que notre entourage est composé de spécialistes de la parentalité. On les pensait comptables ou responsables RH, ils sont en fait nutritionnistes, sages-femmes ou ingénieurs en prévention des risques.

Leur savoir unique est trop précieux pour ne pas être partagé et on peut toujours compter sur eux pour répondre aux questions qu'on ne leur pose pas... et contester l'avis des autres experts.

« Écouter de la musique enceinte ? Oui ! Elle va stimuler l'enfant, c'est essentiel pour avoir un bébé intelligent ! Mais d'un autre côté, NON, sinon le bébé naîtra malentendant. »

« Manger des crudités ? Non ! Sinon, le bébé naîtra avec trois têtes. Mais d'un autre côté, OUI, si on commence à bouder les salades de belle-maman sous prétexte qu'on est enceinte, où va le monde ? Enfin, la mère fait ce qu'elle veut... c'est pour elle et son bébé qu'on dit ça. »

Tout le monde a son mot à dire, mais personne n'est d'accord sur la conduite à tenir pour éviter le statut aussi redouté (des uns) que décerné (par les autres) de **mauvais parents**.

Après 300 000 ans d'existence, l'humanité pourrait en conclure que si elle n'a pas encore identifié de bonnes réponses universelles à certains débats qui agitent la société, c'est simplement... qu'elles n'existent pas.

Pour ça, il faudrait d'abord remettre ses certitudes en question, et ça, c'est beaucoup plus compliqué qu'il n'y paraît.

BEN, LAURAINE ?
TU CACHES QUOI ?
RIEN, RIEN !
JE... EUH... LA GROSSESSE ME MANQUE, VOILÀ !
AH AH AH
C'EST OK !
C'EST DRÔLE, ÇA NE ME MANQUE PAS DU TOUT !
ROOOH, MAIS SIIII ! TU SENS TON BÉBÉ BOUGER, TOUT LE MONDE EST AUX PETITS SOINS AVEC TOI...
VOIR LE MIRACLE DE LA VIE S'OPÉRER EN TOI, C'EST MAGIQUE !
MOUAIS...
MOI JE ME SOUVIENS PLUTÔT DES NAUSÉES...
DES DOULEURS, DES REMARQUES SUR MON POIDS ET DES VISITES CHEZ LA GYNÉCOLOGUE...
T'AS RAISON... MAINTENANT QUE J'Y PENSE C'ÉTAIT QUAND MÊME PAS DE TOUT REPOS ! ET TOUS LES CONSEILS DÉBILES...
MMMPH !
UN COUP DE MAIN ?
TU SAIS QUOI ?
AVEC MES COPINES ON AVAIT MÊME FAIT UNE LISTE AVEC TOUTES LES INJONCTIONS QU'ON AVAIT REÇUES.
ENVOIE !

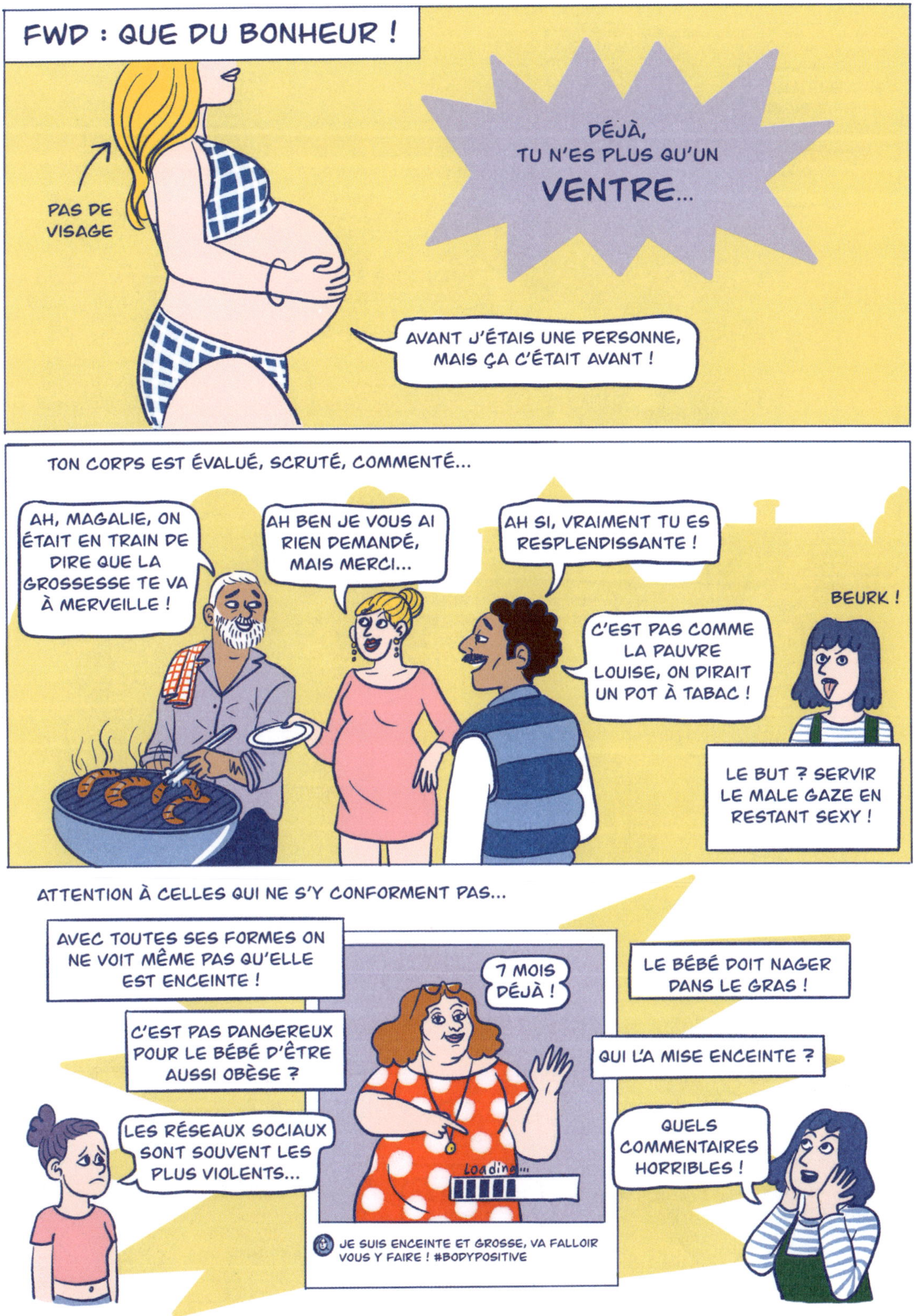
FWD : QUE DU BONHEUR !
PAS DE VISAGE
DÉJÀ, TU N'ES PLUS QU'UN VENTRE...
AVANT J'ÉTAIS UNE PERSONNE, MAIS ÇA C'ÉTAIT AVANT !
TON CORPS EST ÉVALUÉ, SCRUTÉ, COMMENTÉ...
AH, MAGALIE, ON ÉTAIT EN TRAIN DE DIRE QUE LA GROSSESSE TE VA À MERVEILLE !
AH BEN JE VOUS AI RIEN DEMANDÉ, MAIS MERCI...
AH SI, VRAIMENT TU ES RESPLENDISSANTE !
C'EST PAS COMME LA PAUVRE LOUISE, ON DIRAIT UN POT À TABAC !
BEURK !
LE BUT ? SERVIR LE MALE GAZE EN RESTANT SEXY !
ATTENTION À CELLES QUI NE S'Y CONFORMENT PAS...
AVEC TOUTES SES FORMES ON NE VOIT MÊME PAS QU'ELLE EST ENCEINTE !
C'EST PAS DANGEREUX POUR LE BÉBÉ D'ÊTRE AUSSI OBÈSE ?
LES RÉSEAUX SOCIAUX SONT SOUVENT LES PLUS VIOLENTS...
7 MOIS DÉJÀ !
Loading...
JE SUIS ENCEINTE ET GROSSE, VA FALLOIR VOUS Y FAIRE ! #BODYPOSITIVE
LE BÉBÉ DOIT NAGER DANS LE GRAS !
QUI L'A MISE ENCEINTE ?
QUELS COMMENTAIRES HORRIBLES !

ENSUITE, ON TE CULPABILISE POUR TOUT :
C'EST BIEN, TU MANGES SAINEMENT...
MAIS IL FAUT LUI DONNER DU BON GRAS À CE BÉBÉ POUR QU'IL GRANDISSE.
...
OUI MAIS FAIS ATTENTION À NE PAS TROP MANGER NON PLUS.
TU AS DÉJÀ PAS MAL DE KILOS EN TROP !
AVEC DES INJONCTIONS CONTRADICTOIRES !
ATTENTION !
N'EN FAIS PAS TROP, TU VAS TE FATIGUER !
OU...
ÇA VA, T'ES JUSTE ENCEINTE, C'EST PAS UNE MALADIE !
LA LISTE DE TOUT CE QUI N'EST PAS BON POUR LE BÉBÉ EST INFINIE.
NE FUMEZ PAS
NE VOUS COUCHEZ PAS TARD
NE VOUS PLAIGNEZ PAS TROP
NE PRENEZ PAS L'AVION
NE MANGEZ PAS DE CHOSES CRUES OU ÉPICÉES
NE BUVEZ PAS D'ALCOOL
NE STRESSEZ PAS
NE RIEZ PAS TROP, ÇA SECOUE LE VENTRE
NE VOUS ÉNERVEZ PAS
NE FAITES PAS DE SPORT
NE PORTEZ RIEN DE LOURD
NE VOUS EXPOSEZ PAS AU SOLEIL

TOMBER ENCEINTE JEUNE EST MAL VU...
VOUS SAVEZ CE QUE ÇA IMPLIQUE D'AVOIR UN ENFANT ?
PAS COMPLÈTEMENT, NON... COMME TOUS LES FUTURS PARENTS.
MAIS APRÈS 35 ANS, C'EST GÉRIATRIQUE !
UNE GROSSESSE TRÈS RISQUÉE À VOTRE ÂGE !
JE NE PENSAIS PAS ÊTRE SI VIEILLE À 37 ANS !
ET PUIS IL Y A TOUTES CES CROYANCES ABSURDES :
SI TU CROISES LES JAMBES, LE BÉBÉ NAÎTRA AVEC LE CORDON AUTOUR DU COU !
IL FAUT ASSOUVIR SES ENVIES DE GROSSESSE.
SINON LE BÉBÉ AURA UNE TACHE DE VIN !
OH NON, TU ES BRUNE !
TU VAS AVOIR UN MASQUE DE GROSSESSE ...
TU AS DES NAUSÉES ?
ALORS CE SERA UNE FILLE !!
FAUX
DANS L'UTÉRUS, LE BÉBÉ EST COMME ISOLÉ À L'INTÉRIEUR D'UN GROS BALLON DE BAUDRUCHE PLEIN D'EAU. IL N'EST DONC ABSOLUMENT PAS AFFECTÉ PAR LA POSITION ET LES MOUVEMENTS DES MEMBRES DE LA MAMAN.
FAUX
LES TACHES QUE PEUVENT PRÉSENTER CERTAINS BÉBÉS (ANGIOMES, TACHES MONGOLOÏDES OU NÆVUS), N'ONT ABSOLUMENT AUCUN LIEN AVEC CE QU'A PU MANGER OU NE PAS MANGER LEUR MAMAN DURANT LA GROSSESSE.
FAUX
CE PHÉNOMÈNE EST SOUVENT PLUS VISIBLE CHEZ LES FEMMES, QUELLE QUE SOIT LA COULEUR DE LEURS CHEVEUX. C'EST POURQUOI IL EST IMPORTANT POUR TOUTES LES FEMMES DE BIEN SE PROTÉGER DU SOLEIL.
FAUX
LES NAUSÉES SONT LIÉES AUX MODIFICATIONS HORMONALES DE LA GROSSESSE. ELLES AFFECTENT PLUS DE TROIS QUARTS DES FEMMES ENCEINTES, IL N'Y A POURTANT PAS PLUS DE NAISSANCES DE FILLES.

C'EST FOU QUE DES GENS CROIENT ENCORE À TOUTES CES CHOSES !
OUI, LES SUPERSTITIONS ONT LA VIE DURE !
J'IMAGINE QUE ÇA DEVAIT AVOIR UNE UTILITÉ À UNE ÉPOQUE OÙ LA SCIENCE ÉTAIT TRÈS LIMITÉE...
OUI, MAIS LÀ C'EST SURTOUT LES FEMMES QUE ÇA LIMITE !
POURQUOI TU CROIS QU'ON CONTINUE À FAIRE AUTANT FLIPPER ET CULPABILISER LES FEMMES À UNE ÉPOQUE OÙ, CLAIREMENT, IL Y A BEAUCOUP MOINS DE RISQUES POUR LA MÈRE ET L'ENFANT ?
BONNE QUESTION !
J'AI TROIS HYPOTHÈSES ...
1 UN TRAUMATISME QUI RESTE DU TEMPS OÙ LES FEMMES ET LES BÉBÉS MOURAIENT SOUVENT LORS DE L'ACCOUCHEMENT.
NOON !
OUINN
2 UN DÉSIR DE LA SOCIÉTÉ DE CONTRÔLER LES FEMMES ET LEUR CORPS, ENCORE ET TOUJOURS...
?

③ LES GENS RÉPÈTENT LES CHOSES QU'ILS ONT ENTENDUES SANS RÉFLÉCHIR NI LES REMETTRE EN QUESTION.
BEN QUOI ?
MAIS C'EST SÛREMENT UN PEU DES TROIS !
OUI JE CROIS QUE TU AS RAISON !
MOI Y A UN TRUC QUI ME CHOQUE ENCORE PLUS PARMI CES INJONCTIONS...
VIENS VOIR !
C'EST L'OBSESSION DES GENS ET DES SOIGNANTS POUR LA BOUFFE !
ON EST HYPER INFANTILISÉES SUR CE SUJET !
CARRÉMENT ! COMME SI ON DEVENAIT DES MONSTRES QUI NE PENSENT QU'À SE GOINFRER ET QU'IL FAUT SURVEILLER EN PERMANENCE !
AH AH AH
MAIS IL FAUT QUAND MÊME MANGER POUR DEUX !
M'EN PARLE PAS... QUE DES CONTRADICTIONS !
ON REGARDE ÇA ENSEMBLE ?
ÇA ME DONNE FAIM...

Le corps d'une femme ne lui appartient jamais vraiment, mais pendant la grossesse, plus personne ne fait semblant du contraire. L'ingérence est totalement décomplexée au nom de l'intérêt supérieur de l'enfant et d'une expérience universelle et fédératrice.

Résultat, les injonctions et commentaires adressés à la femme enceinte sont construits sur des projections individuelles et une vision collective et préconçue de la grossesse, en oubliant que chaque expérience est unique et singulière.

Par exemple, quand ils disent :

« Mais tu es énorme, tu attends des jumeaux ? »

Ce qu'on entend : « Espèce de gloutonne ! Ton enfant aura honte de toi et de tes kilos en trop ! »
Ce qu'ils veulent dire : « La dernière fois que j'ai mangé un cookie sans culpabiliser, j'avais 8 ans. »

« Bien sûr que le fromage me manquait, enceinte, mais moi, je n'aurais pas supporté de faire courir le moindre risque à mon bébé. »

Ce qu'on entend : « Si tu n'es même pas capable de renoncer à ces petites miettes de plaisir, tu ne seras jamais capable d'assurer la survie de ton enfant. Et je n'hésiterai pas à te signaler auprès des services sociaux ! »
Ce qu'ils veulent dire : « Mes convictions m'aident à tenir debout. Si je les remets en question en admettant que ta façon de faire est acceptable, je m'effondre. »

« Toutes les femmes vomissent quand elles sont enceintes, ça ne les empêche pas de profiter de ce moment ! »

Ce qu'on entend : « Tu es déjà épuisée alors que ton bébé n'est pas encore là, mais ma pauvre, tu n'y arriveras jamais une fois qu'il sera né ! »
Ce qu'ils veulent dire : « Je perpétue les valeurs toxiques qui m'ont gâché la vie en mon temps parce que je meurs de jalousie à l'idée que quelqu'un d'autre y échappe. »

« Ne sois pas si stressée, c'est très mauvais pour le bébé. »

Ce qu'on entend : « Ton enfant naîtra angoissé. Il pleurera tellement que vous ne parviendrez jamais à l'aimer. Ensuite, il passera le restant de sa vie en thérapie. »
Ce qu'ils veulent dire : « Oh la la, mais je ne sais pas du tout ce que je devrais lui dire. Elle a l'air ultra-stressée. Quand j'ai fait ma fausse couche, le médecin m'avait dit que c'est parce que j'étais trop angoissée. Je ne veux pas qu'il lui arrive la même chose. »

« Oh la la maman, que tu es belle ! » *touche le ventre*

Ce qu'on entend : « Vous n'êtes plus qu'un gros ventre anonyme, victime des mains baladeuses. Vous ne faites plus partie du système. Vous êtes les MIB, les Mères Invisibilisées par leur Bedaine. »
Ce qu'ils veulent dire : « Oh la la, c'est dingue. Il y a un bébé là-dedans, c'est beau la nature. Je vais reprendre un verre, ce n'est que le sixième ce soir, j'ai de la marge. *Hips !* »

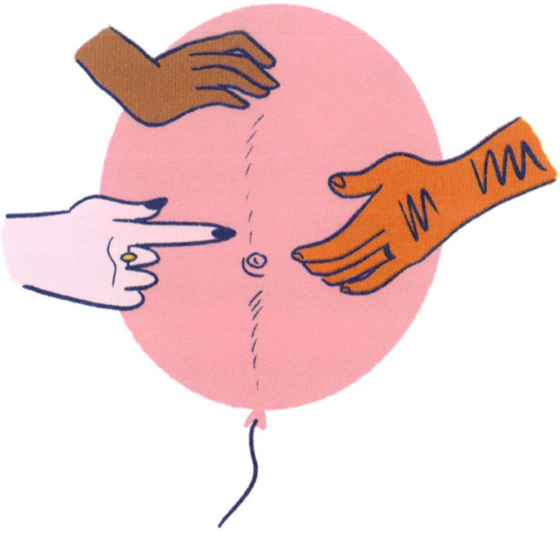

Comment gérer un entourage intrusif ?

Clarifions les choses dès maintenant : ni ce chapitre ni les suivants ne révèlent comment faire taire les gens, ni comment les rallier à sa cause. Il va falloir se faire une raison : il y aura toujours des personnes, anonymes ou familières, pour dispenser des avis non sollicités, partager des informations anxiogènes et critiquer l'attitude des parents et de leurs enfants à venir.

Au lieu de lutter en vain, autant trouver des moyens de limiter l'impact de ces commentaires désobligeants. Même si, c'est une réalité, les commentateurs frénétiques sont particulièrement friands de femmes enceintes et il est difficile de s'en débarrasser.

« Touchez mon ventre, Monseigneur ! » : la grossesse, ce phénomène merveilleux

La légende raconte que le ventre des femmes enceintes aurait des pouvoirs puissants. Véronique Larchevêque est spécialisée en périnatalité et reçoit de nombreuses femmes enceintes. Interrogée pour ce livre, elle nous explique.

« Dans l'imaginaire collectif, la grossesse est associée à la vie et, pendant quelques mois, la femme enceinte est comme au-dessus de la mort ; lui toucher le ventre permettrait de devenir un peu immortel aussi. »

Derrière ce gros ventre, il y a une vraie personne qui n'avait pas prévu de servir de porte-bonheur au tout-venant. On ne touche pas les gens sans leur consentement, même si leur ventre rend immortel, ce qui n'est d'ailleurs pas le cas. La propriétaire du gros ventre est d'ailleurs en droit de rétorquer, par exemple en caressant à son tour le ventre de l'indésirable d'un air rêveur.

« Je t'ai raconté ma thrombose hémorroïdaire ? » : confessions bien trop intimes

Les femmes enceintes attirent également les confidences les plus sombres.

Magie du ventre ? Délire collectif ? Rite de passage ? On ne leur épargne aucune vaginite aiguë ni aucune infection vulvaire purulente. Ces récits suintants jaillissent parfois de nulle part, et au moment où on comprend qu'on est tombée dans un piège, l'interlocutrice est déjà en train de détailler son ablation hémorroïdaire.

On ne peut pas toujours éviter ces histoires anxiogènes, mais on peut les limiter, par exemple en évitant de s'aventurer dans les tréfonds du web et de ses plate-formes d'échange spécialisées. Même la pire des ordures ne forcerait pas un parent à s'inscrire contre son gré sur Doctissimo ou Reddit. Et pourtant, ces bas-fonds des internets débordent de darons et daronnes qui partagent leurs souvenirs de guerre et s'embrigadent les uns les autres. On est libre de traîner sur les sites de son choix, mais pour sa santé mentale, il vaut mieux rester dans l'Internet où on a pied.

« J'ai lu sur Instagram qu'il ne faut jamais faire ça ! » : trouver des ressources fiables

À force de s'entendre dire tout et son contraire, on finit par douter de soi-même. Même les commentaires les plus absurdes et les plus fourbes finissent par s'insinuer dans notre esprit affaibli par ce matraquage contradictoire. Pour redonner un coup de fouet à son cerveau et l'empêcher de s'amouracher de certitudes douteuses, il faut disposer de ressources fiables, à consulter au moindre doute.

Des sources d'information objectives et sûres

- La plateforme des 1 000 premiers jours : 1000-premiers-jours.fr
- Le site du CRAT : lecrat.fr
- L'application May : may.app

(Des ressources supplémentaires sont listées à la fin de ce livre, voir pp. 158-159.)

On répond quoi aux commentaires désobligeants ?

« Tu es énorme ! » : « C'est pour mieux te rouler dessus, mon enfant. »

« Tu prends des risques pour ton enfant. » : « Il faut bien l'endurcir dès le début, ça ne va pas être facile de vivre entouré de gens comme toi. »

« Les femmes enceintes sont des chochottes. » : « Tu as raison ! J'espère que ça ne te dérange pas si je vomis sur tes chaussures ? »

« Le stress, c'est mauvais pour les femmes enceintes. » : « C'est vrai, c'est pour ça que tu vas arrêter de me parler. »

« Oh la la, j'adore les gros bidons ! » : « Oh la la, j'adore les bedaines poilues ! »

Pourquoi les injonctions sont-elles si contradictoires ?

Les injonctions ne reflètent pas seulement des idéaux, elles défendent aussi des intérêts. Pour certains, le parent est plus intéressant s'il est disponible, voire s'il fait semblant de ne pas avoir d'enfant. Ailleurs, on le préfère quand il se consacre entièrement à sa marmaille. Il doit être détendu, mais ne prendre aucun risque, être bienveillant, mais autoritaire. Il doit consommer, mais sauver la planète... C'est toujours pire pour les femmes : sexy mais maternelles, minces mais plantureuses, libres mais soumises, authentiques mais modérées, tendres mais pudiques, etc.

Aussi contraignantes et culpabilisantes soient-elles, ces injonctions pourraient au moins permettre de défendre des pratiques essentielles pour la survie du fœtus et de sa mère. C'est pourtant très rarement le cas.

« Quoi ? tu manges des crudités enceinte ? » : la subjectivité des recommandations

Les nombreux interdits et les recommandations de grossesse incarnent parfaitement ce phénomène d'injonctions contradictoires. Tous les futurs parents en ont fait l'expérience, en matière de conseils et de « règles », on entend tout et son contraire, même de la part du personnel médical.

Dans *Enceinte, tout est possible*[4], la journaliste Renée Greusard s'interroge sur ces multiples « interdits » de la grossesse. Elle explique qu'ils répondent souvent à des spécificités hexagonales, combinées à une politique du risque zéro.

Parlons fromage, un sujet fédérateur, pour illustrer son propos. En France, cette question est prépondérante pendant la grossesse. En revanche, aux Pays-Bas, le frometon n'est pas cité dans la liste des interdits alimentaires. On conseille plutôt aux femmes d'éviter le pâté de foie. Ce petit pays d'Europe du Nord est réputé pour sa production de gouda – un fromage à pâte dure. Globalement, l'extrême majorité des produits laitiers y sont confectionnés avec du lait pasteurisé. Il n'y a donc aucune raison d'interdire des aliments que la population ne consomme pas.

4. R. Greusard, *Enceinte, tout est possible*, Paris, J.-C. Lattès, 2016.

D'autant plus que la conception de la grossesse varie aussi d'un pays à l'autre. Aux Pays-Bas, toujours, c'est un évènement très peu médicalisé qui ne doit pas influencer le quotidien d'une femme en bonne santé. Les pratiques et les aliments à éviter sont moins nombreux qu'en France. *A contrario*, une femme enceinte se verra souvent déconseiller le moindre médicament, même s'il est nécessaire et compatible avec la gestation.

Partant de ce postulat, chaque recommandation devrait être expliquée avec objectivité et précision. Malheureusement, elles sont parfois dispensées comme des vérités générales lapidaires au mépris des avis contraires.

« Votre sage-femme vous a raconté n'importe quoi ! » : le mépris des avis différents

En théorie, on sait que beaucoup d'avis se valent, mais quand il s'agit de remettre en question son opinion, c'est une autre histoire. Pourquoi ?

Professeur des universités en sciences de l'éducation, Daniel Favre est l'auteur de *L'addiction aux certitudes*[5]. Dans cet essai publié en 2013, l'universitaire explique que les émotions sont indissociables de la cognition.

Culturellement, « la dimension affective de notre pensée est sous-estimée ». Convaincu de la rationalité de cette opinion, on peut oublier qu'il ne s'agit que de ça : une opinion. L'auteur souligne que les changements de représentation et les apprentissages sont particulièrement inconfortables et peuvent exacerber « la recherche plus ou moins consciente de certitudes pour pallier [la] perte de confort et de sécurité ».

Transformer un avis en valeur fondatrice, ou *a minima* en certitude, préserve de l'inconfort intense provoqué par des remises en question, même mineures. Mais plus la certitude est ancrée, plus il devient dur de s'en dépêtrer. À ce niveau, Daniel Favre parle d'ailleurs de dogme et de mécanismes similaires à ceux de l'emprise. Une communication un peu stérile, en somme.

Conclusion

On sait à quel point il est difficile pour les jeunes parents d'avoir confiance dans leurs choix. S'ils parviennent à acquérir quelques certitudes, elles peuvent devenir inébranlables. Et on les comprend : dans un climat aussi contradictoire, on cherche à se raccrocher à ce qu'on peut.

---

5. D. Favre, *L'addiction aux certitudes*, Paris, éditions Yves Michel, 2013.

L'ACCOUCHEMENT

L'accouchement est une créature imprévisible. Malgré une science et des technologies de pointe, notre marge de manœuvre est ultra-restreinte. Pour se préparer, on lit tout Laurence Pernoud (dont l'édition de 1988, histoire de bien rigoler), on surfe sur Instagram et on écoute le corps médical. On regroupe nos informations, ce qui n'a rien de rassurant puisqu'elles se contredisent systématiquement. Par exemple : il faudrait se méfier des soignants et de leurs protocoles, mais d'un autre côté, on leur doit la vie et celle de son bébé. Quand le terme arrive, on ne sait toujours pas ce qu'on est censée faire, mais on en sera toujours au même point dans une semaine, alors autant en finir.

Pour favoriser le travail, on nous conseille de consommer des dattes en quantité, avant de nous apprendre qu'en fait, cela ne sert strictement à rien et que c'est de l'ananas qu'il faudrait manger. Des quasi-inconnus surgissent, éperdus, pour supplier les futurs parents de « profiter du temps qu'il leur reste pour aller au restaurant ou au cinéma une toute dernière fois » et le flot de messages augmente au fil des jours : « ça y est ? ».

Mais non, ça y est pas. Si ça y était, on les aurait prévenus. Mais les casse-pieds ne se calment pas :

- « La date du terme est dépassée, le bébé devrait être là non ? »,
- « Est-ce que c'est dangereux, tu ne devrais pas aller à l'hôpital ? »

Côté soignant, on oscille entre une attitude très décontractée : « vous n'avez absolument pas la moindre raison d'être stressée, Madame » et une posture alarmiste à base de risques multipliés par un million à chaque jour qui passe.

> Encore plus que la grossesse, l'accouchement cristallise à peu près toutes les thématiques qui mettent la société mal à l'aise : le corps de la femme et sa puissance, l'animalité, la sexualité, la vie, la mort, pourquoi on est là ?

Bonne chance, les futurs parents !

INFIRMIÈRE NIAISE OU MÉCHANTE, AU CHOIX.
POUSSEZ MADAME, POUSSEZ ENCORE !
GNNNNN !
MARI DÉPASSÉ ET INUTILE
HOMME BLANC, 50 ANS, QUI DONNE DES ORDRES.
FEMME ATTACHÉE, EN SOUFFRANCE, MÉDICALISÉE.
VOILÀ COMMENT ON REPRÉSENTE GÉNÉRALEMENT LES ACCOUCHEMENTS DANS LES FILMS ET LES SÉRIES.
DEUX MINUTES PLUS TARD :
C'EST LE PLUS BEAU JOUR DE MA VIE !
FEMME COIFFÉE ET MAQUILLÉE.
LA FAMILLE ET LES AMIS SONT LÀ.
BÉBÉ TOUT ROSE, LISSE ET PARFAIT.
ALORS, C'ÉTAIT COMME ÇA TON ACCOUCHEMENT ?
AH ! AH ! AH ! ALORS, PAS DU TOUT !
DÉJÀ, ÇA A DURÉ 27 HEURES EN TOUT, DONT 20 À LA MAISON...
J'AI ACCOUCHÉ DANS LA PÉNOMBRE, AVEC L'AIDE DE MON MEC ET DE LA SAGE-FEMME...
SANS PÉRIDURALE...
PERSONNE NE M'A CRIÉ DESSUS NI DEMANDÉ DE POUSSER...
ET ON A PU RESTER DANS NOTRE BULLE JUSTE TOUS LES TROIS APRÈS...
ET AUSSI, J'AI PU HURLER AUTANT QUE JE VOULAIS...
SANS QUE PERSONNE NE ME DISE :
"CALMEZ-VOUS MADAME !"

MOI POUR MON DEUXIÈME, J'AI ACCOUCHÉ À LA MAISON DANS MON SALON !
C'ÉTAIT UN CHOIX PARCE QUE JE N'AVAIS PAS AIMÉ MA PREMIÈRE EXPÉRIENCE À L'HÔPITAL...
TRÈS FROIDE, DANS UN MOMENT OÙ J'AVAIS BESOIN DE CHALEUR HUMAINE.
J'AI VÉCU UN BEL ACCOUCHEMENT.
MAIS LES GENS HALLUCINENT QUAND JE RACONTE ÇA, C'EST TELLEMENT PEU COURANT EN FRANCE...
J'IMAGINE... IL Y A TELLEMENT D'INJONCTIONS AUTOUR DE L'ACCOUCHEMENT!
"PRENDS LA PÉRI..."
"POURQUOI SOUFFRIR INUTILEMENT SI TU PEUX T'EN PASSER ?"
"NON ! L'ACCOUCHEMENT NATUREL C'EST CE QU'IL Y A DE MIEUX !"
"TU DOIS APPRENDRE À GÉRER TES CONTRACTIONS ET LES SURFER COMME UNE VAGUE."
"COMMENT ? PROGRAMMER UNE CÉSARIENNE ?"
"AH, JE VOIS, MADAME VEUT SON PETIT CONFORT !"
AUTREMENT DIT, "TU TRICHES" SI TU NE SOUFFRES PAS COMME TOUT LE MONDE... QU'ILS FASSENT UNE CÉSARIENNE, ON VERRA S'ILS TROUVENT ÇA "CONFORT" !
QUOI D'AUTRE ?

IL Y A LES HISTOIRES TRASH QU'ON TE BALANCE SANS TE DEMANDER SI TU ES PRÊTE À LES ENTENDRE...
PRÉPARE-TOI PARCE QUE TU VAS VOIR, L'ACCOUCHEMENT C'EST UN EN-FER !
MOI, ÇA A ÉTÉ UNE VRAIE BOUCHERIE ET JE NE TE PARLE PAS DE L'ÉTAT DE MON VAGIN APRÈS !
LES MARIS QU'ON PROTÈGE...
SURTOUT, ASSURE-TOI QUE TON MEC NE VOIT PAS LE BÉBÉ SORTIR...
IL PARAÎT QUE ÇA LES DÉGOÛTE DU SEXE APRÈS !
LES MÉDECINS QU'ON PROTÈGE...
ON VA VOUS DÉCLENCHER MADAME, PARCE QUE LE GYNÉCOLOGUE DOIT PARTIR À 17H.
MAIS, ÇA N'ÉTAIT PAS DANS MON PLAN DE NAISSANCE !
NE FAITES PAS LA DIFFICILE, VOUS AVEZ DE LA CHANCE QUE LE DOCTEUR X VOUS ACCOUCHE !
CETTE POSITION, NON PLUS, C'ÉTAIT PAS DANS MON PLAN DE NAISSANCE !
OUI, MAIS C'EST PLUS PRATIQUE POUR MOI.
ARRÊTEZ DE FAIRE LA DOUILLETTE, C'EST BIENTÔT TERMINÉ !
AAAAAAA
HUH HUH
BEN ALORS, IL FAUT LE NOURRIR LÀ, VOTRE BÉBÉ !
SACRIFIEZ-VOUS UN PEU, C'EST POUR LE BIEN DE VOTRE ENFANT !

* M. LAGRÉÉ ET F.LEBRUN (DIR.), POUR L'HISTOIRE DE LA MÉDECINE, AUTOUR DE L'ŒUVRE DE JACQUES LEONARD, RENNES, PRESSES UNIVERSITAIRES DE RENNES, 1994.

* P. CESBRON ET Y. KNIBIEHLER, "LA NAISSANCE EN OCCIDENT", PARIS, ALBIN MICHEL, 2004.
"COMMENT LA NAISSANCE EST PROGRESSIVEMENT DEVENUE UN ACTE MÉDICALISÉ", LE MONDE, 30 AOÛT 2017.

DES FOIS, JE ME DEMANDE QUAND MÊME POURQUOI IL Y A DES SORTES DE "MODES" OU DE "TENDANCES" SUR LA FAÇON D'ACCOUCHER...
C'EST POURTANT LE MÊME ACTE DEPUIS DES MILLIERS D'ANNÉES...
BONNE QUESTION...
PEUT-ÊTRE PARCE QUE LES SOCIÉTÉS ET LES MENTALITÉS CHANGENT, ÉVOLUENT...
ET QUE CHAQUE GÉNÉRATION RÉAPPREND ET RÉÉCRIT CE QU'ONT FAIT LES PRÉCÉDENTES.
1870
1900
1930
1960
1990
2020
COMME QUOI !
LA VIE EST UNE EXPÉRIENCE QUI SE RENOUVELLE À CHAQUE NAISSANCE !
EH BEN, J'AURAIS JAMAIS CRU QU'ON FINIRAIT SUR UNE NOTE AUSSI PHILOSOPHIQUE !
AH AH AH

QUE CACHENT CES PHRASES MALADROITES, OU CARRÉMENT BLESSANTES ?

Quelles injonctions sociétales internalisées se cachent derrière les petites phrases qu'on entend au sujet de l'accouchement ?

Par exemple, quand ils disent :

« Avec la péridurale, les bébés naissent drogués ! »

Ce qu'on entend : « Tu es trop faible pour réussir ton accouchement, tu crois vraiment que tu vas être capable d'élever un enfant ? Parce que moi, non. »
Ce qu'ils veulent dire : « Pour moi, c'est la méthode la plus respectueuse de la mère et de son bébé. Au début, j'y voyais seulement une alternative intéressante aux protocoles ultra-médicalisés imposés aux mères, mais face à une absence systémique de remise en question, je me suis radicalisée et je suis désormais persuadée que si on accouche autrement que sans péridurale et dans le silence, le bébé naîtra traumatisé. »

« La sœur de ma copine de judo, elle a eu 150 heures de contractions hyper douloureuses, mais son col ne s'ouvrait pas. Finalement, son bassin était trop étroit et ça s'est fini en césarienne. Elle a perdu 75 litres de sang, elle a mis deux ans à s'en remettre. »

Ce qu'on entend : « T'es prête à souffrir le martyre ? Non ? Tant pis pour toi, t'as pas le choix ! »
Ce qu'ils veulent dire : « Avec ce récit cauchemardesque qui reflète la vision de la société, je sers une cause très noble : je rappelle aux femmes enceintes que l'accouchement, c'est une sacrée boucherie. Entre les contractions inefficaces, les détresses fœtales, et autres hémorragies de la délivrance, heureusement que les femmes peuvent compter sur la médecine pour les sauver ! »

« Madame, faites un effort, si vous n'êtes pas capable de sortir ce bébé, vous allez en césarienne ! »

Ce qu'on entend : « Votre corps est incapable de faire son travail correctement : pas encore mère, déjà en échec ! »
Ce qu'ils veulent dire : « En France, l'accouchement raisonnable et sécurisé se déroule exclusivement en milieu hospitalier. Mais toujours en France, ce milieu hospitalier traverse actuellement une crise sans précédent : nous ne sommes plus assez nombreux pour travailler correctement et nos conditions de travail déjà éprouvantes sont devenues catastrophiques alors que notre rémunération tourne autour d'un smic[6] en début de carrière. Quand je gère plusieurs accouchements en même temps, je dois faire vite. Je n'ai pas le temps d'accompagner une femme qui refuse la péridurale et je dois anticiper tous les imprévus chronophages, parfois en boostant un peu la nature. »

« Dis à ton mari de ne pas regarder, ça va le dégoûter ! »
ou « Prends des snacks pour ton mec ! »
ou encore « Vous allez être content, Monsieur ! Je lui ai refait un vagin de jeune fille ! »

Ce qu'on entend : « Tu te croyais en sécurité avec ton conjoint ? TU CROYAIS QUE TU POUVAIS T'AUTORISER À LÂCHER PRISE EN SA PRÉSENCE ? Ah ! Ah ! Ma pauvre fille. »
Ce qu'ils veulent dire : « Je me souviens, quand j'ai accouché, mon mari était lui aussi épuisé après mon long travail nocturne. En plus, j'avais oublié de lui prévoir à manger et à boire, il était furieux ! J'espère qu'elle sera moins tournée vers elle-même que moi : même avec un bébé dans les parages, les papas ont besoin qu'on s'occupe d'eux, sinon ils se lassent, j'en ai fait l'amère expérience. »

6. « Salaire sage-femme des hôpitaux-sfh », emploi-collectivites.fr, 2024.

Comment se protéger pendant l'accouchement ?

Les nombreuses injonctions et les débats qui entourent l'accouchement traduisent moins la peur du danger que celle de l'incertitude. Les progrès scientifiques ont maté ses risques, mais pas son imprévisibilité. Comme on ne sait pas quand ou comment il va se dérouler, ni combien de temps il va durer, on ne peut pas prévoir la composition de l'équipe médicale de garde ni l'état du service le moment venu. Une préparation en béton ne garantit pas un accouchement facile accompagné de personnel bienveillant. En revanche, elle permet de limiter les risques d'agression et de savoir comment réagir au cas où.

« Les femmes enceintes croient tout savoir ! » : le projet de naissance (et le compagnon d'accouchement)

Le projet de naissance est une feuille de route rédigée par les parents. Actes à éviter, environnement souhaité, comportements proscrits, interlocuteur à privilégier : ce document compile les souhaits en matière d'accouchement.

Le « *birth plan* » est né en Angleterre au début des années 1980[7]. Il a d'abord permis de réduire, puis d'éliminer, des pratiques encore systématiques et très humiliantes, comme les rasages périnéaux et les lavements. En termes d'injonctions et d'agressions, chaque époque recèle ses petites pépites.

Dans les années 2000, le projet de naissance va questionner des pratiques de plus en plus courantes, comme le déclenchement (19,7 % en 2003) et les épisiotomies (68 % chez les primipares en 2003). Le projet de naissance des années 2020 se concentre sur le consentement et le respect de la physiologie.

S'il est bien démocratisé en France, le projet de naissance n'a aucune valeur légale. Il n'a jamais arrêté Mère Nature, ni les soignants acariâtres. Il présente néanmoins deux avantages : premièrement, les parents qui rédigent un projet de naissance sont amenés à se renseigner davantage et à arriver plus préparés aux éventualités, et plus en confiance. Deuxièmement, il sert de feuille de route à la personne qui accompagne la parturiente et va l'aider à la défendre en cas de besoin. Pour rappel, l'accompagnant n'est pas seulement là pour caresser les cheveux de la mère pendant le travail. Il doit aussi s'assurer que ses choix sont respectés, même, et surtout, si elle n'est pas en état de s'exprimer.

---

7. R. Waller-Wise, *Birth Plans: Encouraging Patient Engagement*, *J Perinat Educ.*, 2016;25(4):215-222. Disponible sur : ncbi.nlm.nih.gov

Contre-indication ou ingérence médicale ?

Selon les accros du pro-nature, particulièrement présents sur Internet et les réseaux sociaux, accoucher sans difficulté, c'est très simple. Il « suffit » de respecter le rythme de l'accouchement tel que le faisaient nos ancêtres, et tel que cela se pratique encore dans les sociétés tribales (ah, ce fantasme néocolonialiste du bon sauvage connecté à la nature !).

C'est vrai, le milieu hospitalier n'est pas propice aux naissances physiologiques. La défiance envers le corps médical est justifiée par des chiffres et des témoignages.

Cela dit, ce n'est pas rare de tomber sur des soignants qui privilégient l'intérêt de leurs patients envers et contre tout. Un médecin réticent n'est pas forcément un médecin maltraitant qui veut imposer sa façon de faire et brimer les parents.

Ce n'est pas toujours évident de faire la différence, d'où l'importance d'envisager tous les scénarios lorsque l'on rédige le projet de naissance.

On répond quoi aux commentaires désobligeants ?

« Tu dis que tu ne veux pas la péridurale, mais sur le moment, tu vas voir, tu vas supplier. » : « Ça a l'air de te faire plaisir, je ne savais pas que tu avais des actions chez Baxter ? »

« Dis au papa de rester près de la tête, il ne faudrait pas le dégoûter » : « La dernière fois que le papa a pris une cuite, c'est moi qui ai dû nettoyer derrière. J'ai le droit à ma revanche. »

« Ah... tu ne veux pas accoucher naturellement ? » : « Il y a des façons d'accoucher artificiellement ? Parce que si je peux m'éviter ça, ça m'intéresse ! »

« Vous êtes trop douillette, Madame, ça ne fait pas si mal ! » : « Ça vous dit qu'on essaye sur vous pour vérifier ? »

La médecine, le corps des femmes et les injonctions

En 2013, la juriste belge Marie-Hélène Lahaye a ouvert le blog « Marie Accouche là[8] » pour dénoncer les violences obstétricales, niées jusque-là. Sur ce site, les récits s'enchaînent, effroyables, et font écho au vécu de nombreuses femmes qui, à leur tour, partagent leurs expériences.

Commentaires misogynes et dégradants, non-respect du consentement, gestes violents sans explication, infantilisation, dénaturation des accouchements, refus d'écouter... Les témoignages s'accumulent jusqu'à ce que plus personne ne puisse plaider l'incident isolé.

« Par nature, les femmes sont plus intuitives et émotives » : quand la science craint le féminin

Le corps des femmes inspire la méfiance des hommes depuis toujours, ce truc de pouvoir fabriquer des bébés et de les livrer prêts à l'emploi, c'est louche ! La Renaissance va venir mettre un peu d'ordre dans tout ça. Après des siècles d'obscurantisme religieux, la science permet de dompter la nature, ses incertitudes... Et exclut les femmes de ses rangs : dans l'imaginaire collectif, elles incarnent cette nature imprévisible et dangereuse.

Il faut pourtant reconnaître que la science a beaucoup de talents. Après plusieurs siècles de tâtonnements, le XXe siècle, ses vaccins et ses antibiotiques vont sauver plus de 230 millions de personnes et les innovations technologiques vont radicalement réduire la mortalité périnatale.

Avec de tels résultats, charger les professionnels compétents d'accompagner les femmes enceintes, ça ressemble à une décision raisonnable. Malheureusement, la position de la science vis-à-vis des femmes n'a pas vraiment changé en 600 ans.

La peur du diable et du fantastique s'est un peu dissipée. On continue toutefois de considérer que la femme n'est ni cartésienne ni fiable. Encore aujourd'hui, on minimise ses maux et ceux de ses enfants et on l'accuse volontiers d'hystérie au moindre symptôme.

Traditionnellement, le corps médical n'est pas là pour soutenir les femmes, mais pour les protéger d'elles-mêmes. Il les considère comme d'éternelles enfants, promptes aux bêtises et aux caprices, qui représentent une menace pour leur bébé.

---

8. marieaccouchela.net

« Tu es complètement inconsciente ! » : la médicalisation à outrance *vs* les dérives du naturel

En dénonçant les violences gynécologiques systémiques, les parturientes déplorent en priorité la toute-puissance d'un corps médical qui refuse encore souvent de les considérer comme des adultes et qui néglige leur santé mentale. Elles sont priées de gérer leurs incompréhensions et leurs souvenirs angoissants dans l'indifférence, au risque d'être traitées d'ingrates.

En réaction à cette infantilisation hypermédicalisée, d'autres possibilités naturelles se sont démocratisées ces dix dernières années. Naissance sans péridurale, interventions réduites, environnement tamisé... certaines conditions plus physiologiques et adaptées au travail permettraient aux mères de se réapproprier leur accouchement et de démarrer plus sereinement leur vie de parent.

Ces pratiques représentent avant tout des solutions pour se soustraire à l'omnipotence d'un monde médical déshumanisé et encore profondément misogyne. Malgré des chiffres et des mesures de sécurité qui pourraient garantir un taux de risque équivalent au milieu hospitalier, la France peine à ouvrir des maisons de naissances, ces structures autonomes gérées par des sages-femmes qui accompagnent des femmes souhaitant accoucher physiologiquement, dans un cadre non médicalisé. Ces établissements sont reliés à une maternité qui assure le relais en cas de complications. De son côté, l'accouchement accompagné à domicile est volontairement confondu avec les très marginaux ANA (accouchements non assistés), sans soignant homologué pour assister à la naissance.

Ce climat de désinformation et de défiance mutuelle favorise les dérives. Dans certaines sphères ultra-naturelles, l'accouchement physiologique est présenté comme le seul accouchement « valable ». Il doit par ailleurs se dérouler dans la félicité totale. Les femmes peuvent compter sur des livres, des coachings et des *workshops* payants pour se préparer efficacement et être performantes le jour J. Aussi ancestral soit-il, l'accouchement a su s'adapter à l'ère capitaliste, tant il est rentable et attrayant.

Conclusion

Alors que le corps médical peine à répondre aux besoins pourtant légitimes des femmes, des courants qui prônent le naturel émergent pour leur permettre de se réapproprier leur accouchement. Un pan extrémiste de ces mouvements profite de la rigidité du corps médical pour véhiculer ses propres dogmes et se faire une belle place sur la scène publique. Pour des accouchements sans pression, il faudra attendre encore un peu.

la PRÉSENTATION du BÉBÉ

Depuis le temps qu'on en parle, il est enfin là ! Mesdames et Messieurs, voici le bébé ! L'entourage des parents découvre le nouveau venu avec émotion... Et avec stupeur.

Ça ressemble à ça, un nourrisson, de nos jours ?

Les jeunes grands-parents ont beau répéter qu'eux aussi ont eu des enfants et qu'ils savent très bien s'y prendre, ils ont parfois des doutes. Leurs bambins vaillants des années 1980 et 1990 et ces bébés fragiles et exigeants d'aujourd'hui font-ils vraiment partie de la même espèce ? Il y a trente ans, les enfants dormaient 20 heures par jour dans leur couffin et mangeaient à heure fixe. Ils passaient leur temps d'éveil à babiller joyeusement en toute autonomie, posés dans un berceau plein de peluches. Ceux d'aujourd'hui sont toujours collés à leurs parents et on ne peut plus finir une phrase sans être interrompu par des couinements ! Derrière son air de crevette rougeaude sans défense, le bébé moderne est un manipulateur et un sociopathe en puissance. Il n'a que quelques jours et il a déjà aspiré toute la vitalité de ses parents. Ils ont les traits tirés, l'œil hagard et le corps qui pend.

Le bébé et ses parents ne sont pas les seuls à avoir changé d'une génération à l'autre. De leur côté, les jeunes darons crevés attendaient des grands-parents disponibles, tendance publicité des années 1960. Au lieu de ça, ils se retrouvent face à des actifs et des fraîchement retraités qui n'ont pas l'intention de se reconvertir en nounous du troisième âge alors qu'ils ont la vie devant eux.

La génération milléniale et ses parents boomers ont du mal à s'entendre sur la parentalité. Heureusement, avec un peu d'amour et beaucoup, beaucoup, de patience des deux côtés, on devrait réussir à réconcilier tout le monde.

AH !
NOUS VOILÀ À LA FAMEUSE ÉTAPE DE LA PRÉSENTATION DU BÉBÉ À LA FAMILLE !
OH LA LA, J'AI UNE AMIE QUI M'EN A RACONTÉ UNE BONNE À CE SUJET !
JE CROIS QUE SA MÈRE LES LUI A TOUTES FAITES !
DING DONG
AH ÇA Y EST, VOUS ÊTES LÀ !
COUCOU MAMAN !
MERCI DE VOUS ÊTRE DÉPLACÉS, J'AVAIS TROP DE BOULOT.
ET VOILÀ LA PETITE MERVEILLE ! J'AVAIS TELLEMENT HÂTE DE LA VOIR EN VRAI.
VU QUE JE N'AI PAS EU LE DROIT DE VENIR LA VOIR À LA CLINIQUE...
ROOOH, ÇA VA MAMAN, ON T'A EXPLIQUÉ QU'ON VOULAIT RESTER DANS NOTRE COCON LES PREMIERS JOURS.
OOH, ON DIRAIT UN PETIT GREMLINS ! ÇA DOIT VENIR DE TON CÔTÉ, LUC, CHEZ NOUS ON N'A JAMAIS VU DE BÉBÉ CHEVELU COMME ÇA !

QUELLE CREVETTE!
VOUS ÊTES SÛRS QU'ELLE SUIT BIEN SA COURBE DE CROISSANCE ?
JE LA TROUVE CHÉTIVE QUAND MÊME...
ET TOI, MA CHÉRIE, TU NE M'AS PAS L'AIR EN FORME, TU AS UNE MINE HORRIBLE !
BEN, J'AI JUSTE L'IMPRESSION DE M'ÊTRE PRIS UN CAMION DE 5 TONNES DANS LA TRONCHE...
MAIS À PART ÇA, ÇA VA !
ROOH, ÇA VA, L'ACCOUCHEMENT C'EST PAS SI TERRIBLE.
ON EN REPARLERA QUAND TU AURAS EU 4 ENFANTS COMME MOI !
BIEN SÛR...
EN TOUS CAS, J'ESPÈRE QUE TU VAS PERDRE TES KILOS DE GROSSESSE RAPIDEMENT, C'EST PAS TRÈS JOLI, LÀ...
BON ALORS, QUI VEUT UNE PART DE TARTE À L'ABRICOT PUR BEURRE ?
CHUI GROOOSSE !
AH, BEN EN VOILÀ UNE QUI SAIT DÉJÀ COMMENT MANIPULER SON PETIT MONDE !
MAMAN !!
OOH, T'AIMES PAS RESTER SEULE ?
OUINN

QUELQUES SEMAINES PLUS TARD...
DIS, MARTINE, EST-CE QU'ELLE TE DEMANDE DES CONSEILS PARFOIS, TA FILLE ?
NON, PAS TROP, MAIS ON DISCUTE PAS MAL QUAND MÊME !
ET LA TIENNE ?
ELLE M'A POSÉ QUELQUES QUESTIONS SUR COMMENT JE FAISAIS TELLE OU TELLE CHOSE QUAND ELLE ÉTAIT BÉBÉ...
MAIS SOUVENT, C'EST LE TROU NOIR...
AVEC QUATRE ENFANTS, IL S'EN EST POURTANT PASSÉ DES CHOSES !
MAIS IL NE ME RESTE QUE QUELQUES BRIBES...
ET BIZARREMENT, ON SE SOUVIENT PLUS DES BONNES QUE DES MAUVAISES, HEIN ?
J'AI LE MÊME PROBLÈME !
TU VOIS, J'AI ENVIE D'ÊTRE LÀ POUR LA SOUTENIR DANS CETTE EXPÉRIENCE DE JEUNE MAMAN...
MAIS JE NE SAIS PAS COMMENT...
C'EST UNE PÉRIODE DÉLICATE, PLEINE DE DÉCOUVERTES, D'ÉPREUVES, DE QUESTIONNEMENTS...
MAIS C'EST LEUR HISTOIRE.
J'AI TOUJOURS DIT À MA FILLE : « TU DOIS FAIRE TES EXPÉRIENCES TOUTE SEULE POUR APPRENDRE. »
MA MÈRE ME DISAIT PAREIL !

AH ÇA, C'EST SÛR QU'ON LES A ÉLEVÉES POUR ÊTRE LIBRES ET INDÉPENDANTES NOS FILLES !
ELLE N'ONT PRESQUE PAS BESOIN DE NOUS...
C'EST PAS PLUS MAL AVEC TOUT CE QU'ON A ENCORE À GÉRER !
LE TRAVAIL, LE MARI, LES VIEUX PARENTS QU'IL FAUT ACCOMPAGNER DANS LA FIN DE VIE...
LE PLUS DUR C'EST D'AVOIR L'IMPRESSION D'ÊTRE DEVENUE COMPLÈTEMENT OBSOLÈTE.
À CHAQUE FOIS QUE JE DIS UN TRUC, ELLE LÈVE LES YEUX AU CIEL...
« MAIS NON, MAMAN, C'EST PLUS COMME ÇA QU'ON FAIT AUJOURD'HUI ! »
PFFF
COMME SI MES 35 ANS D'EXPÉRIENCE DE MAMAN COMPTAIENT POUR DU BEURRE !
EXACTEMENT, ON EST DISQUALIFIÉES !
CERTES, ON A PU FAIRE QUELQUES ERREURS À NOTRE ÉPOQUE...
MAIS NOS ENFANTS N'EN SONT PAS MORTS À CE QUE JE SACHE !
MOI, JE NE COMPRENDS PAS POURQUOI LES JEUNES PARENTS D'AUJOURD'HUI SE CASSENT AUTANT LA TÊTE. C'ÉTAIT PAS SI COMPLIQUÉ À NOTRE ÉPOQUE.
BON, JE SUIS D'ACCORD SUR LE FAIT D'INTERDIRE LES CHÂTIMENTS CORPORELS...
ENCORE QUE, DES FOIS...
FRANCHEMENT, DONNER AUTANT DE POUVOIR ET D'ATTENTION À UN ENFANT, C'EST PAS LUI RENDRE SERVICE NON PLUS. VIVE L'ENFANT ROI !!
TU M'ÉTONNES QU'ILS SOIENT FATIGUÉS LES PARENTS !
L'éducation positive
le tout petit MONTESSORI

OH, LES MADRE !
Y'A UN LÉGER DÉCALAGE EN EFFET !
PAS ÉTONNANT QU'ON AIT DU MAL À SE COMPRENDRE !
OUI, MAIS JE CROIS COMPRENDRE POURQUOI...
NOS MÈRES ONT ELLES-MÊMES VÉCU DANS UN MONDE PLEIN D'INJONCTIONS.
FEMME LIBRE DES ANNÉES 80/90 = 1 TRAVAIL + 1 MARI + X ENFANTS
+ FAIRE LES COURSES ET LE MÉNAGE, ÊTRE MINCE, ÊTRE SYMPA, ETC.
MAIS, CONTRAIREMENT À NOUS, ON LEUR A BIEN FAIT COMPRENDRE QU'ELLES N'AVAIENT PAS LE DROIT DE SE PLAINDRE.
EN GROS, ELLES POUVAIENT ASPIRER À UNE CARRIÈRE, GAGNER DE L'ARGENT, MAÎTRISER LEUR CONTRACEPTION...
SE MESURER AUX HOMMES SUR LEUR TERRAIN...
MAIS À CONDITION DE CONTINUER À ASSUMER TOUTES LES AUTRES TÂCHES SANS RECHIGNER.
LES FEMMES QUI RÉUSSISSAIENT CE TOUR DE PASSE-PASSE ÉTAIENT EXTRÊMEMENT VALORISÉES...
FEMME DE L'ANNÉE !
IL SUFFIT DE VOIR LES FILMS DE CETTE ÉPOQUE : ELLES SONT CONSTAMMENT MISES EN CONCURRENCE, COMPARÉES SUR LEUR PHYSIQUE, ELLES SE DISPUTENT DES HOMMES, ESSAIENT DE RESTER MINCES À TOUT PRIX ET DOIVENT TOUT GÉRER DE FRONT SANS RIEN DIRE.
JULIA ROBERTS
Le Mariage de mon meilleur ami
MADAME DOUBTFIRE
LIAISON fatale
La vie est un long fleuve tranquille.

PAS ÉTONNANT QU'ELLES SOIENT DURES ENVERS LEURS FILLES SI C'EST TOUT CE QU'ELLES ONT CONNU !
OUI, SI LA SOCIÉTÉ EST AUSSI EXIGEANTE ENVERS LES FEMMES, MIEUX VAUT ÊTRE CORRECTEMENT ARMÉE ET NE PAS TROP SORTIR DU RANG...
CE QUI EST DRÔLE...
C'EST QU'ELLES NOUS ONT QUAND MÊME ÉLEVÉES DANS L'IDÉE QU'ON POUVAIT ÊTRE QUI ON VOULAIT !
OUI, MAIS SEULEMENT EN ÉTANT DES BATTANTES.
SEULES CONTRE LE RESTE DU MONDE, COMME ELLES !
J'AI L'IMPRESSION QUE NOTRE GÉNÉRATION EST UN PEU PLUS DANS LA BIENVEILLANCE ET LA SORORITÉ QUAND MÊME.
OUI ! CE CONCEPT UTILISÉ DANS LES ANNÉES 70 EST RÉAPPARU EN PUISSANCE EN 2017, AU MOMENT DE #METOO.
AUJOURD'HUI, ON PRÔNE DAVANTAGE LA DOUCEUR ENVERS SOI-MÊME, LA SANTÉ MENTALE ET L'ENTRAIDE. ON ASSUME PLUS DE SE MONTRER VULNÉRABLE AUSSI...
CE QUI DOIT ÊTRE DUR POUR ELLES, C'EST QU'ELLES N'AVAIENT PAS LE DROIT D'EXPRIMER LEURS DIFFICULTÉS DANS LES ANNÉES 80/90...
ET AUJOURD'HUI, ON LEUR DIT DE SE TAIRE CAR ELLES SONT OBSOLÈTES...
ÇA DOIT ÊTRE FRUSTRANT !
TU AS RAISON CHLOÉ.
VOYONS UN PEU PLUS CE QUI SE JOUE ENTRE GÉNÉRATIONS.

La génération de nos parents a grandi à une époque où on avait encore le droit de « s'exprimer librement » (*sic*). Au lieu de se vexer inutilement, on devrait « apprécier les commentaires pour ce qu'ils sont : des traits d'humour, un signe d'intérêt ou une inquiétude légitime » (*sic*, *bis*).

Par exemple, quand ils disent :

« On dirait que tu es encore enceinte,
il va falloir perdre tout ça rapidement ! »

Ce qu'on entend : « Mais tu es moche ! Tu vas faire peur à ton bébé et faire fuir ton coparent ! »
Ce qu'ils veulent dire : « Je me souviens que j'avais mis des mois à perdre mes kilos de grossesse et que mon frère m'avait surnommée "La Baleine". Et puis, tu connais la société, elle est obsédée par l'apparence des femmes. Même moi, je m'y mets. »

« Il est jaune, tu ne trouves pas qu'il est jaune ? »
ou « Faites attention, vous allez le faire tomber ! »

Ce qu'on entend : « Parents ou pas, vous restez des adolescents inconscients et dangereux pour votre enfant. La preuve : il est tout jaune et vous ne voyez même pas le problème. »
Ce qu'ils veulent dire : « Mais en fait, c'est minuscule un nourrisson ! Ça ne ressemble pas du tout à ceux qu'on voit dans les films. Comment un petit machin aussi fragile va pouvoir survivre dans un monde aussi dangereux ? Et si sa mère glisse sur une peau de banane quand elle l'a dans les bras ? Et si un pigeon affamé l'emporte ? Et si la foudre frappe sa poussette ? »

« Écoute, c'est mon petit-fils, pas question que vous m'empêchiez de venir le voir à la maternité ! »
ou « Comment ça, je ne peux pas le prendre dans mes bras ? »

Ce qu'on entend : « On vous a donné la vie, vous nous appartenez et par conséquent, cet enfant, c'est aussi le nôtre. Nous avons tous les droits. »
Ce qu'ils veulent dire : « Mais, mais, mais, vous ne nous aimez plus ? Pourquoi vous nous rejetez ? Attendez, quand même, on est vos parents ! On n'est pas de vulgaires connaissances. C'est comme ça que vous nous voyez ? Des emmerdeurs lambdas ? Et puis zut, nos enfants ont un enfant, c'est un grand évènement, vous pouvez comprendre ça tout de même ! »

« Vous êtes en congé parental, vous pouvez bien venir nous voir pour nous présenter cet enfant ! »

Ce qu'on entend : « Vous avez fait un bébé, très bien pour vous, mais nous, on n'a pas de temps à perdre avec un mioche qui ne nous intéresse même pas. »
Ce qu'ils veulent dire : « C'est vrai qu'on a complètement oublié ce que c'était que d'avoir un enfant. Mais tout le monde sait qu'un bébé ne fait que dormir, vous devez avoir plein de temps libre, alors que nous, on doit avancer sur les travaux de la maison. Et puis, j'ai mon cours de poterie le mercredi, ton père va à la chorale le vendredi, c'est quand même plus logique que ce soit vous qui vous déplaciez ! »

« Oh la la ! Ça se voit que c'est un capricieux ! Il va te faire la misère ! »
ou « Elle a déjà compris comment manipuler son père, celle-là. »

Ce qu'on entend : « Cet enfant est un futur sociopathe. Il doit être possédé par une entité maléfique. Bon courage, hein, on vous connaît, faibles comme vous êtes, vous allez en baver. »
Ce qu'ils veulent dire : « Les enfants rois, c'est la lie de notre société ! Ils mettent leurs pieds sur les banquettes des trains, pleurent au restaurant et ne disent plus bonjour. C'est la faute de l'éducation laxiste d'aujourd'hui. On n'a pas d'exemple précis, mais tout le monde le dit : si on veut éviter de se laisser bouffer, il faut les mater dès la naissance ! »

Boomers *vs* millenials, le choc générationnel

Les baby-boomeuses font partie d'une génération pivot : elles ne sont plus cantonnées au rôle de mère traditionnelle et elles disposent en théorie des mêmes droits que les hommes... à condition de continuer à assurer le travail domestique.

Dans les années 1980 et 1990, on considère qu'une femme libre est consciente de sa chance. Elle mène vaillamment vie familiale, privée et professionnelle de front.

Les enfants de ces femmes sont devenus adultes avec Internet. Ils ont désormais accès instantanément à toutes les informations nécessaires. Les réseaux sociaux et les blogs ont également permis aux parents, et surtout aux mères, de s'exprimer librement. Elles lèvent enfin l'omerta qui pesait sur leurs aînées. En retour, on attend d'elles qu'elles mettent à profit toutes ces ressources pour élever un enfant toujours plus épanoui.

Les deux générations ont toutes les deux été victimes d'injonctions qui leur font payer leurs privilèges. D'une maternité dévalorisante, contrainte de se faire discrète dans un monde dédié aux adultes, on est passé à une maternité à hauteur d'enfant, entièrement tournée vers la progéniture.

Si ces deux visions s'opposent trop pour s'entendre, il faut ajouter à ce climat de tension générationnelle la difficulté pour les deux parties d'accepter leur nouveau rôle et leur nouvelle identité.

« Je ne suis pas prête à être mamy ! » : la redistribution des rôles familiaux

La psychologue clinicienne Véronique Larchevêque explique que l'arrivée d'un enfant rappelle aussi aux plus âgés qu'ils sont les prochains à partir : la femme qui était juste mère devient grand-mère. Elle approche un peu plus de la mort :

« Beaucoup de filles regrettent que leur mère ne les prenne pas au sérieux alors qu'elles savent très bien s'occuper de leur bébé. Leur mère n'arrête pas de leur dire de ne pas faire ci ou ça. Mais pour une mère, sa fille, c'est son bébé qui a eu un bébé. C'est difficile d'accepter qu'elle puisse avoir ce rôle de fille et ce rôle de mère. »

Suzanne Vallières est psychologue, conférencière et autrice de nombreux ouvrages, elle a notamment publié *Le Psy-Guide des grands-parents* aux Éditions de l'Homme en 2022. Sollicitée pour ce livre, elle évoque aussi ce bouleversement identitaire :

« Quand notre enfant nous annonce qu'il va lui-même avoir un enfant, notre rôle change complètement et la vision qu'on a de notre enfant change aussi. »

« Dis-le que tu me trouves ringarde ! » : le désaveu (involontaire)

Les parents peinent aussi à accepter qu'on fasse différemment, voire le prennent parfois personnellement, comme le déplore Suzanne Vallières :

« Il y a souvent des chocs générationnels. La génération qui a toujours fait d'une façon qui lui convenait a du mal à accepter qu'on lui dise que non, ce n'est plus comme ça qu'on fait [...] C'est comme entendre qu'elle n'a pas bien fait. Alors que non, c'est seulement la science qui évolue. »

Qu'on ait 5 ans, 30 ans ou 60 ans, on a tous tendance à se braquer, quitte à devenir franchement blessant, quand on se sent menacé, déstabilisé et/ou rejeté.

Pour écrire ce livre, nous avons interrogé de nombreux parents et grands-parents. Parmi les femmes de notre génération, beaucoup s'entendaient bien avec leur mère, et pourtant, elles ne s'adressaient pas à elle quand elles avaient besoin de conseils sur leur grossesse.

On préfère regarder sur Internet et dans les livres ou en parler avec les gens de notre âge. Les commentaires et conseils dispensés par des parents boomers, et surtout des mères (les pères se sentent souvent peu concernés) paraissent souvent ringards. Ils sont d'ailleurs copieusement moqués et critiqués. On finit par partir du principe que tout ce qui sort de la bouche de ces femmes est « ringard », voire « lunaire ». Un peu d'indulgence, enfin !

On répond quoi aux commentaires désobligeants ?

« À notre époque, on se prenait pas autant la tête » : « Père Castor, raconte-nous une histoire, une histoire... »
« Laisse-le pleurer un peu » : « C'est pas toi qui fais la tronche quand je ne réponds pas à tes messages dans la seconde ? »
« Tu ne devrais pas manger autant, tu ne perdras jamais tes kilos de grossesse » : « Quoi que je fasse, mon corps sera toujours critiqué, alors autant me faire plaisir. Tiens, tu veux du brownie ? »
« Il a l'air d'avoir faim, tu ne dois pas avoir assez de lait, tu veux pas lui donner du vrai lait ? » : « Bonne idée, tu as un peu de béton en poudre pour l'épaissir aussi ? »
« Il sait comment te manipuler ce bébé » : « Je savais que j'avais engendré un génie ultra précoce ! »

« Mais ce n'est pas comme ça qu'on fait ! » : les critiques de nos mères

Nos parents ne sont pas seulement les héritiers « grandes gueules » d'une éducation dépassée et malveillante. Ils s'inquiètent pour nous et peuvent même en vouloir (un peu) au nouveau venu d'accaparer et d'exténuer leur propre bébé. Ils ont souvent du mal à concevoir qu'on préfère appliquer des méthodes éducatives perçues comme laxistes et éreintantes, alors qu'il suffirait de suivre leurs conseils pour éviter l'épuisement.

Les grands-parents craignent aussi pour l'avenir du petit monarque : si on ne lui refuse rien, comment cet enfant pourra-t-il affronter la dureté de la vie ? Ils ne comprennent pas toujours que ce qu'ils voient ne reflète pas nécessairement la réalité.

Quant à nous, en présence de nos aînés, nous avons besoin d'affirmer nos compétences parentales et de prouver que nous ferons encore mieux qu'eux. C'est normal.

Claude Martin est sociologue et directeur de recherche au CNRS, il travaille sur les politiques publiques en direction de l'enfance, de la famille et de la vieillesse. Sollicité pour ce livre, il nous explique :

« Vouloir se distinguer de la génération qui nous précède est un mécanisme assez universel. C'est nécessaire et vital que la relation avec la génération de nos parents soit fondée sur le besoin de s'en distinguer et de la critiquer. »

C'est ainsi qu'on panse ses blessures d'enfance (et que la société évolue), mais attention ! Tout rejeter de front, c'est aussi nier que ce sont les générations précédentes qui plantent les graines des plus grandes révolutions. Le sociologue alerte :

« Il ne faut pas rompre le dialogue, mais trouver comment faire évoluer les transmissions. » D'autant plus qu'« en vieillissant, on réalise qu'en général, tout le monde (parents compris) fait de son mieux avec les contraintes en présence, on devient moins critique. »

Courage ! Dans quelques années, ces histoires de « laisser pleurer » et de tétines n'auront plus la moindre importance.

« Tu as bien de la chance d'avoir encore ta mère ! » : et si on écoutait nos aînées ?

Personne n'a jamais écouté les femmes de la génération de nos mères. À l'époque, leurs contemporains ne s'intéressaient pas à cette partie de leur vie. Aujourd'hui, leurs enfants ne veulent pas de leurs conseils ou de leur avis et lèvent les yeux au ciel quand elles rappellent qu'elles aussi ont été à notre place. C'est pourtant vrai.

On était aux premières loges et on peut témoigner de l'imperfection de leurs méthodes éducatives, mais ont-elles vraiment échoué sur toute la ligne ? Probablement pas. Il ne s'agit pas de tout prendre en compte, simplement de considérer certains avis, et de faire cordialement abstraction du reste.

On peut par exemple leur demander comment elles ont vécu l'arrivée de leurs enfants, comment elles se sont organisées, ce qu'elles ont ressenti.

Pour les recommandations officielles, il vaut mieux suivre les conseils d'un soignant de confiance au fait des consignes actuelles. Cela ne signifie pas que l'on doive brûler rageusement le tour du lit offert par sa belle-mère, ni lever les yeux au ciel quand elle propose de rajouter de la farine dans le biberon pour que bébé dorme mieux.

Conclusion

Avec le temps, l'enfant s'intègre entièrement à la famille. Les tensions des premiers temps portent sur des détails qui se révèlent insignifiants en fin de compte. Quand les actes rattrapent les paroles et que les grands-parents montrent leur soutien de façon concrète, les conflits finissent par se résoudre. À condition de bien communiquer !

le POST-PARTUM

On l'a mérité, ce post-partum. Après neuf mois d'injonctions contradictoires et un accouchement sous haute surveillance, on va enfin pouvoir profiter du grand bonheur qu'on nous promet depuis l'enfance et pouponner notre adorable progéniture... Enfin, en théorie.

En pratique, l'un des protagonistes de ce post-partum est un bébé qui vient de passer neuf mois de pur confort dans un cocon cosy thermorégulé. Il se retrouve projeté dans un monde aux lumières aveuglantes, aux sons aigus et à la nourriture qui ballonne.

Pour accompagner ses premiers pas, il peut compter sur des adultes qui avaient jusqu'ici l'étrange habitude de dormir la nuit et de manger à heure fixe. Et qui n'ont, pour la plupart, jamais été capables de s'occuper d'un ficus.

Est-ce qu'on ne contribuerait pas, malgré nous, à l'omerta autour de la parentalité ? En toute franchise, avant d'avoir un enfant, est-ce qu'on s'intéressait vraiment aux détails triviaux de l'existence des parents de notre entourage ? Avait-on envie d'écouter les récits de gastro familiale ou d'admirer des cicatrices et des vergetures boursouflées ? Sans façon, n'est-ce pas ?

Le quotidien des parents ne fait rêver personne. On imagine pourtant que leur vie les comble de bonheur, comme si les pères et les mères développaient subitement une passion pour la morve et les nuits blanches à la naissance d'un enfant. Cette idée est rassurante, mais assez farfelue.

ÇA Y EST, C'EST FINI !
YOUPI !!
TERMINÉ !
BOUM
BOUM
BOUM
BAH, LAURAINE, QU'EST-CE QUI T'ARRIVE ?
NON !
C'EST LA FIN DE TES RÈGLES QUE TU FÊTES COMME ÇA ?
C'EST LA FIN DE MON POST-PARTUM !
ÇA Y EST, MA FILLE A EU TROIS ANS...
ET JE ME SENS RENAÎTRE !
AH AH AH
VRAIMENT, À CE POINT-LÀ ?
AH OUI, VRAIMENT ! IL A BIEN FALLU TROIS ANS POUR QUE JE RÉCUPÈRE MON CORPS...
MON ÉNERGIE, MA LIBIDO ET MON CERVEAU !

* ANNA ROY ET CAROLINE MICHEL, « LE POST PARFUM DURE 3 ANS », LAROUSSE 2023.

* CONTRACTION DES MOTS « MATERNITÉ » ET « ADOLESCENCE » COMPARANT LE BOULEVERSEMENT DE LA MATERNITÉ À CELUI DE L'ADOLESCENCE. CONCEPT CRÉÉ PAR DANA RAPHAEL.

HEUREUSEMENT, J'AI PU TROUVER DE L'AIDE ET J'AI BIEN ÉTÉ ACCOMPAGNÉE.
SINON, ÇA AURAIT PU ÊTRE BEAUCOUP PLUS GRAVE.
AUJOURD'HUI LE DERNIER A QUATRE ANS ET ÇA VA MIEUX !
MAIS LES INJONCTIONS SONT FORTES PENDANT TOUTE CETTE PÉRIODE DU POST-PARTUM...
ÇA N'AIDE PAS !
IL Y A LES PROCHES QUI VEULENT QU'ON AILLE BIEN À TOUT PRIX...
MAIS ENFIN, ARRÊTE DE PLEURER, TOUT VA BIEN DANS TA VIE !
CHANTALE, DIS-LUI !
Bouhouhou !
MAIS OUI, ENFIN, TON BÉBÉ EST EN PARFAITE SANTÉ, TU DEVRAIS NAGER EN PLEIN BONHEUR !
CEUX QUI TROUVENT QU'ON EN FAIT TROP...
SOPHIE, T'AS L'AIR SURMENÉE LÀ !
TU DEVRAIS TE REPOSER UN PEU !
DÉTENDS-TOI !
BURP
BEST FRIEND

* CRAINTE OBSÉDANTE DE COMMETTRE UN ACTE DÉLICTUEUX, TRANSGRESSIF, OU DANGEREUX POUR SOI-MÊME OU POUR AUTRUI, SELON WIKIPEDIA.

* SELON UNE ÉTUDE DE L'INSERM ET DE SANTÉ PUBLIQUE FRANCE, PUBLIÉE LE 3 AVRIL 2024.

NORMALEMENT, LE CONJOINT OU LA CONJOINTE EST LÀ POUR PRENDRE LE RELAIS ET PARTAGER LA CHARGE AUTANT QUE POSSIBLE !
Dodo, l'enfant do
ZZZZ
MAIS IL EST DIFFICILE DE PRENDRE LA MESURE DE CE QUE VIT UNE FEMME EN POST-PARTUM !
ET QUAND ON EST MAMAN SOLO, C'EST ENCORE PLUS COMPLIQUÉ !
HELP !
OUI ! ALORS SE PRENDRE DES INJONCTIONS DANS LA TRONCHE À CE MOMENT-LÀ, C'EST VRAIMENT LA GOUTTE D'EAU !
MAIS SOUVENT, LES GENS NE SAVENT PAS TROP SE COMPORTER FACE À DES JEUNES PARENTS DÉBORDÉS...
ILS NE TROUVENT PAS LEUR PLACE, SE DEMANDENT S'IL FAUT LES AIDER OU LES LAISSER TRANQUILLE...
ALORS QU'IL SUFFIRAIT DE DEMANDER !
DE QUOI AS-TU BESOIN EN CE MOMENT ?
BON POUR UNE APRÈM BABYSITTING QUAND VOUS VOULEZ !
ON PEUT VENIR DONNER UN COUP DE MAIN POUR LE MÉNAGE SAMEDI ?
JE PASSE VOUS APPORTER DES LASAGNES CE SOIR ?
VOUS ÊTES DES PARENTS FORMIDABLES, ON EST LÀ EN CAS DE BESOIN !
VOUS AVEZ BESOIN DE QUOI POUR LE PETIT ?

En post-partum, les injonctions et les commentaires de l'entourage peuvent être particulièrement violents à entendre, mais ils ne ciblent pas directement les jeunes parents : ils trahissent avant tout une vision collective de la parentalité et sont conditionnés par les biais sociétaux de notre époque.

Par exemple, quand ils disent :

« Ton bébé va bien, de quoi tu te plains ? »

Ce qu'on entend : « Tu as décidé d'avoir cet enfant alors que tu savais très bien que tu serais incapable de t'en occuper, maintenant, tu assumes ! »
Ce qu'ils veulent dire : « J'ai la flemme de t'aider et je n'ai pas du tout envie de changer mes habitudes pour un bébé. Ce n'est pas moi qui t'ai poussé à faire un enfant ! Hein ? Si ? Je t'ai dit de te dépêcher car l'horloge biologique tournait ? Je ne me souviens pas. »

« Ça va passer, c'est juste un petit baby-blues !
Je vais vous prescrire du magnésium ! »

Ce qu'on entend : « Je sais mieux que toi ce que tu ressens. »
Ce qu'ils veulent dire : « Jusqu'à 80 % des femmes traversent une période de baby blues. C'est pratique le baby blues, car c'est à la fois naturel et bénin : je peux ainsi occulter des troubles plus sérieux encore trop stigmatisés. Tant pis si je fais perdre un temps précieux aux femmes en retardant leur prise en charge. »

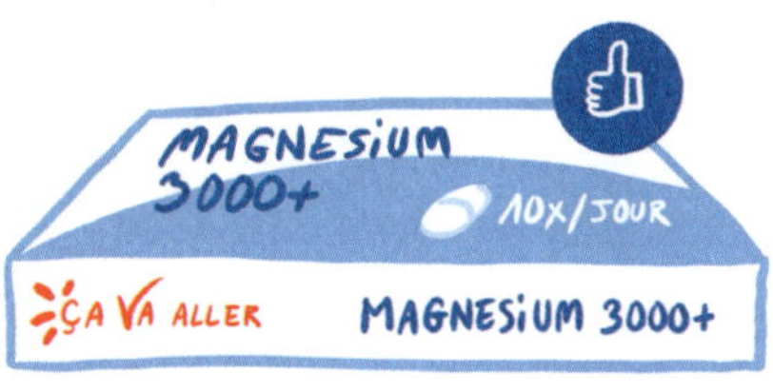

« À mon époque, on n'avait pas de problèmes comme ça, vous vous prenez trop la tête ! »

Ce qu'on entend : « Quelle génération de fragiles ! Tout ce dont tu as besoin, c'est de te mettre un bon coup de pied aux fesses. »
Ce qu'ils veulent dire : « On en a chié. On en a chié à un point que vous n'imaginez même pas. Et nous, on n'avait pas Instagram et Fesse de bouc pour décharger, alors qu'on en aurait eu besoin. Et franchement, on est contents que vous puissiez enfin vous exprimer, mais on a quand même bien les boules. »

« C'est horrible d'avoir des pensées morbides envers ton enfant ! »

Ce qu'on entend : « Tu es dangereuse pour cet enfant, il faut l'éloigner de toi. »
Ce qu'ils veulent dire : « Je vis dans une société psychophobe convaincue que les femmes sont par nature instables et perverses. La psychanalyse et les théories freudiennes en ont rajouté une couche. En réalité, je fais la maligne, mais j'ai aussi eu ce type de pensées intrusives. Et même si je n'ai jamais rien fait à mon bébé, je m'en voudrais toujours d'avoir pu imaginer ça. »

« Reposez-vous quand le bébé dort ! Lâchez prise et faites-vous confiance ! »

Ce qu'on entend : « Toutes les mères arrivent à se reposer et à comprendre leur bébé. Si tu n'y parviens pas, c'est vraiment que tu n'es pas faite pour ça. »
Ce qu'ils veulent dire : « Bon, écoutez, c'est ce qu'on m'a appris en formation. Je n'ai pas testé personnellement, mais la théorie tient la route. Maintenant, excusez-moi, mais je crois que j'ai répondu à vos questions. Je dois me dépêcher, j'ai encore dix mamans à voir avant la pause déjeuner ! »

« Madame, c'est dans votre tête. Vous êtes trop stressée et le bébé le sent ! »

Ce qu'on entend : « Vos angoisses polluent votre bébé, vous êtes nocive pour lui. »
Ce qu'ils veulent dire : « Le stress, c'est le mal du siècle, surtout pour les femmes. Pour éviter de dépenser les deniers publics et de surcharger les listes d'attente des spécialistes inutilement, je vais plutôt lui conseiller de faire de la méditation ou du yoga. »

Comment survivre aux injonctions du post-partum ?

Les mois qui suivent la naissance d'un enfant sont déstabilisants psychologiquement et physiquement. Les critiques et les injonctions peuvent empoisonner la période du post-partum. Pour se protéger d'un monde extérieur en plein déni, il va falloir bien s'entourer. Commençons par dégommer quelques mythes.

« Votre bébé va très bien, détendez-vous ! » : l'importance de trouver les bons soignants

Au cours des premières années, il va arriver tout un tas de trucs bizarres au bébé : sa température atteindra des records, des fluides variés jailliront de ses orifices, et son corps se couvrira régulièrement de plaques et de boutons. Les parents aussi seront victimes de phénomènes étranges : leur esprit va leur jouer des tours tordus, ils vont attraper les maladies du bébé et leur corps va rouiller. Le soutien de professionnels compétents et compréhensifs sera primordial pour traverser ces péripéties.

Les docteurs, c'est comme les solutions de portage, il en existe beaucoup : certains sont détendus, d'autres ultraprudents ; certains sont branchés médecine moderne, d'autres ne jurent que par l'homéopathie. Autant profiter du calme relatif qui précède la tempête de la naissance pour choisir des spécialistes (pédiatre, psychologue, sage-femme, ostéopathe...) qui s'alignent sur nos valeurs.

« Arrête de te prendre la tête ! » : l'injonction au lâcher-prise

À première vue, ces mots semblent encourageants et même empouvoirants, mais... Lorsqu'on y réfléchit, ces conseils ont-ils un intérêt ?

Ils ne sont pas pertinents : l'hypervigilance et le stress ne sont pas des émotions que l'on contrôle. Ils ne sont pas non plus bienveillants puisqu'ils ne sont pas suivis d'une proposition d'aide concrète.

Si les jeunes parents, et surtout les mères, ont tant de mal à se détendre, ce n'est pas parce que le sang de la rigidité coule dans leurs veines. Ils ont simplement conscience que ces adeptes du lâcher-prise seront les premiers à leur reprocher le moindre écart.

Enfin, on ne trouve pas toujours instinctivement comment soulager le bébé, comment interpréter son comportement ou comment trouver le bon équilibre à la maison. C'est normal. Nous sommes des humains, pas des télépathes en connexion permanente avec Gaïa (la déesse grecque de la terre). Ce n'est pas grave, les professionnels de confiance du paragraphe précédent sont payés pour savoir à notre place.

« On aurait adoré vous filer un coup de main, mais on est très occupés ces temps-ci » : où (vraiment) trouver du relais ?

Si on a autant de mal à demander de l'aide, c'est peut-être (aussi) parce qu'on ne sait pas où la trouver. Dans les moments difficiles, on va naturellement se tourner vers son cercle rapproché. À ce moment précis, la proximité n'est pourtant pas un gage de qualité et de neutralité. Les proches ne sont pas toujours capables d'accueillir les confidences, même s'ils ont traversé des épreuves similaires. Eux aussi se sentent coupables et craignent qu'on les juge, ou pire : qu'on révèle à leurs enfants quels terribles parents ils sont.

Dans l'urgence d'une crise post-partum, il vaut mieux s'adresser à des soutiens expérimentés, objectifs et bienveillants. Il peut s'agir d'une ancienne collaboratrice aguerrie et décomplexée, d'une communauté de parents en ligne ou du groupe de parole de la PMI (Protection maternelle et infantile).

On répond quoi aux commentaires désobligeants ?

« Tu l'as voulu. » : « Oui, mais on ne m'avait pas prévenue que les commentaires étaient livrés avec le bébé, du coup, je me sens arnaquée. »

« Tu te plains alors que tant de femmes aimeraient être à ta place ! » : « Ce n'est pas parce que tu as choisi de commander une pizza que tu n'as pas le droit de te plaindre de son goût. »

« C'est dans votre tête ! » : « Oui, j'ai bien en tête toutes les injonctions de la société, c'est justement de ça que j'essaie de me débarrasser. »

« Reposez-vous quand bébé dort. » : « Bonne idée ! Si vous voyez une femme avec une poussette qui ronfle au rayon tomates : c'est moi ! »

La santé mentale en post-partum, entre attentes et tabous

Le post-partum peut s'accompagner de troubles psychiques particulièrement déstabilisants et parfois très douloureux comme la dépression ou le trouble anxieux. En théorie, ils se soignent très bien, mais la légende d'une parentalité toujours radieuse compromet encore trop souvent l'accès aux ressources et aux soins.

Ces mythes que l'on perpétue sous forme d'injonctions ont un objectif très clair : encourager la reproduction. La réalité du post-partum pourrait dissuader les gens de concevoir… ce qui n'est pas le but recherché par une société nataliste.

Malgré tout, la parole se libère et les parents sont de plus en plus nombreux à s'exprimer sur leurs difficultés. Elles ne trahissent pas un désamour parental, mais un besoin d'accompagnement dans un moment *de facto* tumultueux.

« Mais c'est horrible de penser ça ! » : le post-partum et ses manifestations déstabilisantes

L'injonction au bonheur et à la félicité est d'autant plus toxique que ce qui se passe au moment du post-partum contredit les fantasmes collectifs autour de la naissance.

En France, on estime que 5 % des pères[9] et jusqu'à 15 % des mères[10] sont touchés par une dépression post-partum. Un parent sur cinq souffrirait de troubles anxieux. Les manifestations de ces troubles peuvent être brutales et se traduire par des pensées obsessionnelles et compulsives, appelées « phobies d'impulsion ». Très fréquentes, il s'agit de pensées aussi incontrôlables que terrifiantes : on peut par exemple imaginer que l'on jette son bébé dans les escaliers, ou qu'on le noie. Ces phobies d'impulsion concernent entre 30 % et 70 % des mères[11]. Elles ne trahissent pas une personnalité perverse ni des désirs refoulés. Au contraire, le cerveau redoute tellement les accidents, qu'il se préserve n'importe comment. Encore faut-il le savoir, sous peine de juger sévèrement un parent perdu… ou de culpabiliser jusqu'à la fin de sa vie.

La sensibilisation et la prévention restent les meilleurs moyens de se protéger contre les maladies du post-partum. Elles permettent d'identifier les premiers signes et d'agir avant que le malaise ne s'installe durablement.

---

9. J. Lemaignen, « Dépression post-partum : les pères aussi en souffrent », *Le Monde*, 26 mars 2024.
10. *Ibid.*
11. Voir à ce sujet le podcast « Alors voilà » du médecin et chroniqueur Baptiste Beaulieu, pour Radio France, épisode « Les phobies d'impulsion et les pensées parasites », 24 mai 2021.

« Comporte-toi en adulte ! » : le changement identitaire

Les voix sont de plus en plus nombreuses à s'élever contre le mythe d'un bonheur sans nuages. Passer d'une vie de nullipare à une vie de parent implique nécessairement des ajustements matériels, organisationnels, mais aussi psychologiques.

Ce bébé qui arrive ravive des souvenirs, des doutes et parfois des traumatismes qu'il faudra affronter. Le terme *matrescence*, contraction de *maternité* et d'*adolescence*, désigne ce bouleversement identitaire vécu par les nouvelles mères. Apparu dans les années 1970, ce mot s'est popularisé à la fin des années 2010 notamment grâce au podcast du même nom lancé par la journaliste Clémentine Sarlat en 2018. La visibilité de ce phénomène est cruciale, mais pas exempte d'injonctions.

La psychologue clinicienne Véronique Larchevêque s'interroge :

« Je me demande dans quelle mesure ce changement identitaire n'est pas aussi imposé. On vit dans une société qui n'a pas vraiment de place pour les parents, c'est aux familles de s'adapter. On peut alors voir dans ce bouleversement identitaire une injonction de la société à ce que les parents, et surtout les mères, changent et s'adaptent à leur nouvelle existence. »

Ce changement est socialement encouragé : il prouve qu'on a abandonné notre égoïsme d'antan et qu'on accepte de se dévouer corps et âme au bébé... à condition de ne pas évoquer trop en détail des côtés plus sombres du post-partum.

Conclusion

Comment soulager les parents des injonctions au bonheur et préparer ceux qui arrivent aux difficultés du post-partum ? Actuellement, cette période exige un grand talent d'équilibriste : il faut taire ce qui dérange, mais prouver que l'on est capable de se dévouer à son bébé. On doit informer les futurs parents, sans les terroriser.

Pour vivre plus sereinement cette période de grand changement, il faut trouver les interlocuteurs et les lieux pour se confier sans jugement, et sans être accusé de plomber l'ambiance.

Tous les récits méritent d'être racontés et toutes les émotions sont valides. Libérer la parole, c'est aussi pouvoir profiter d'espaces *safe* où partager ses pires difficultés avec des personnes capables de les entendre.

ALLAITEMENT et ALIMENTATION

La question de l'alimentation infantile déchaîne les passions, héritage d'une époque où l'allaitement relevait de la survie de l'enfant et où on devait faire pousser soi-même des légumes comestibles pour la purée. Aujourd'hui en France, l'eau potable coule de tous les robinets et le supermarché ne vend que des légumes propres à la consommation. Nos cerveaux archaïques continuent pourtant de considérer le sujet de l'alimentation avec la même intensité qu'il y a 150 000 ans.

Allaitement au sein ou biberon ? Purée ou morceaux ? Industriel ou fait maison ? Ces questions sont âprement débattues avec une rage qu'on ferait mieux de garder pour nos luttes sociales et solidaires – à notre humble avis.

Actuellement, la France est favorable aux biberons ET à l'allaitement maternel… à condition de respecter le planning ! Conformément aux recommandations de l'Organisation mondiale de la santé, le corps des femmes est mobilisé pour une durée incompressible et renouvelable de six mois. Au premier jour du septième mois, il est rendu aux utilisateurs habituels.

Commence ensuite la grande aventure de la diversification. Comme les habitudes alimentaires divergent totalement d'une famille à l'autre, on a matière à palabrer. Il y a les parents qui refusent catégoriquement le sucre avant 2 ou 3 ans et ceux qui dégainent les friandises à 18 mois. Ceux qui profitent des options industrielles pour se dégager de l'espace mental et ceux qui misent plutôt sur le bio et le fait maison.

Avant de nous féliciter qu'un enfant mange des légumes avec gourmandise et de dispenser des conseils nutritionnels, souvenons-nous que notre bonne éducation ne vaut pas grand-chose face au tempérament d'un enfant, et de certains privilèges (temps, moyens…).

COUCOU !
EH, MAIS ELLE EST CANON CETTE ROBE, CHLOÉ !
JE SAIS !
ET EN PLUS... C'EST UNE ROBE D'ALLAITEMENT !
GÉNIAL !
MAIS, TU AS ARRÊTÉ D'ALLAITER, NON ?
OUI, ÇA FAIT QUELQUES MOIS, MAIS JE L'AIME TROP !
TU AS ALLAITÉ COMBIEN DE TEMPS, AU FINAL ?
DEUX ANS ET DEMI ENVIRON, POUR LES DEUX.
WAOUH ! MOI J'AI TENU 10 MOIS, MAIS J'EN AVAIS MARRE À LA FIN. ENVIE DE RÉCUPÉRER MON CORPS ET MON TEMPS...
MOI, ÇA ME MANQUE, C'ÉTAIT NOS MOMENTS DOUDOUS !
TU SAIS QU'ON A EU DE LA CHANCE, TOI ET MOI, AVEC NOS ALLAITEMENTS. J'AI PLEIN DE COPINES QUI ONT GALÉRÉ...
QUI ONT SOUFFERT LORS DES TÉTÉES, SUBI DES PRESSIONS DU CORPS MÉDICAL OU DE LEURS PROCHES, POUR ARRÊTER OU CONTINUER...
ON NE NOUS FOUT JAMAIS LA PAIX !!

* LE MATERNAGE INTENSIF (OU "PROXIMAL") SE TRADUIT PAR UN ALLAITEMENT LONG, LE PORTAGE DU BÉBÉ AU PLUS PRÈS DU CORPS, ET PARFOIS LE "CO-DODO", QUI CONSISTE À DORMIR AVEC SON ENFANT DANS LE LIT OU À PROXIMITÉ. MARTINE LARONCHE, PUBLIÉ LE 16 JANVIER 2010 SUR LEMONDE.FR.

C'EST BIEN DE LE RECONNAÎTRE ET PUIS, TU SAIS, ÇA ARRIVE À TOUT LE MONDE D'AVOIR DES PENSÉES JUGEANTES...
AH AH
TANT QUE TU LES GARDES POUR TOI !
D'AILLEURS, IL Y A UN PAQUET D'INJONCTIONS SUR L'ALLAITEMENT ET L'ALIMENTATION EN GÉNÉRAL !
REGARDE ÇA...
VOTRE ENFANT PERD DU POIDS, IL FAUT LE NOURRIR, MADAME.
MAIS, IL NE PREND PAS LE SEIN !
JE NE SAIS PAS COMMENT FAIRE !
L'ALLAITEMENT, C'EST INNÉ, DÉBROUILLEZ-VOUS.
DONNE-LUI UN BIBERON AVEC UN PEU DE FARINE, POUR QU'ELLE GROSSISSE PLUS VITE !
QUOI ??
TU VOIS, IL CONTINUE À PLEURER, C'EST PEUT-ÊTRE QUE TON LAIT EST PÉRIMÉ !
C'EST TOI QUI ES PÉRIMÉ !
TAP TAP TAP
OUIN! OUIN!
FAUT ARRÊTER DE LUI DONNER LE SEIN, MADAME...
VOUS ALLEZ TRAUMATISER VOTRE ENFANT, C'EST CHELOU !
PARDON ?!
DE QUOI JE ME MÊLE ?

SI TU ALLAITES, TES SEINS VONT DEVENIR TOUT PLATS.
ÇA SERAIT DOMMAGE...
JE VOUS DÉCONSEILLE L'ALLAITEMENT, VOUS NE SAVEZ JAMAIS SI VOTRE BÉBÉ BOIT ASSEZ, VOUS NE POUVEZ RIEN CONTRÔLER !
LAIT 0-6
LAIT 1
MAIS IL EST TOUT MAIGRICHON CE PETIT ! ILS NE TE DONNENT PAS À MANGER TES PARENTS ?
NON MAIS TU AS VU ? TA FILLE A CARRÉMENT DES BOURRELETS !
IL FAUDRAIT LA METTRE AU RÉGIME AVANT QU'ELLE NE DEVIENNE OBÈSE !
VOUS DEVRIEZ PASSER AU FAIT MAISON, C'EST QUAND MÊME PLUS SAIN QUE LES PETITS POTS CHIMIQUES...
GA !
TATA EST JALOUSE DE TES PETITS POTS, MON BÉBÉ !
TU TE PRENDS TROP LA TÊTE AVEC TES LÉGUMES MOULINÉS... DONNE-LUI DU PAIN, ÇA LE CALERA !

AVEC CECI ?
UNE SALADE, S'IL VOUS PLAÎT !
CE QUE JE CONSTATE EN TOUT CAS, C'EST QUE MAINTENANT ON A BEAUCOUP PLUS D'INFOS SUR L'ALLAITEMENT ET L'ALIMENTATION, GRÂCE AUX RÉSEAUX SOCIAUX.
MOI, J'AI APPRIS PLEIN DE CHOSES GRÂCE À DES COMPTES INSTAGRAM, PAR EXEMPLE !
MERCI.
MAIS À FORCE, ÇA MET AUSSI LA PRESSION, QUAND TU VOIS DES POSTS QUI MONTRENT DES MÈRES « PARFAITES » TOUTE LA JOURNÉE...
FORCÉMENT, ON SE COMPARE !
TU AS VITE FAIT DE TE SENTIR NULLE ET EN ÉCHEC !
EXACTEMENT !
LES RÉSEAUX SOCIAUX SONT AUSSI BLINDÉS D'INJONCTIONS...
BONJOUR, JE VAIS PRENDRE UN PEU DE « CONFIANCE EN MOI », S'IL VOUS PLAÎT !
ET UNE BONNE DOSE DE « RECUL », POUR ALLÉGER TOUT ÇA !
OU ALORS, DU CABILLAUD, S'IL VOUS PLAÎT.
EST-CE QUE TU AS REMARQUÉ QUE LES INJONCTIONS QU'ON REÇOIT SONT SOUVENT CONTRADICTOIRES ?

* RECOMMANDATION OFFICIELLE DE L'ORGANISATION MONDIALE DE LA SANTÉ SUR LE SITE WHO.INT/FR/HEALTH-TOPICS/BREASTFEEDING.

Les crispations autour de l'alimentation des petits enfants reflètent les valeurs d'une société ambivalente vis-à-vis de l'allaitement et plus généralement des fonctions du corps féminin. Les seins : objets sexuels ou biberons géants ? Le lait en poudre : révolution ou malédiction ?

Lorsque le bébé commence la diversification alimentaire, le débat se déplace sur ses premiers légumes. Cette fois-ci, on choisit l'option nature et maison ou on profite de la modernité d'un petit pot industriel ? La décision devrait revenir aux parents, même si l'entourage n'hésite pas à partager son point de vue.

Par exemple, quand ils disent :

« Tu ne trouves pas que tu ressembles à une vache laitière ? »

Ce qu'on entend : « Tu es grosse, tu es moche et tes pis pendent ! »
Ce qu'ils veulent dire : « Dans notre société, le lait vient plutôt des vaches. C'est dégradant d'être associé à un animal pour une femme, non ? Et puis, c'est quand même gênant de s'exhiber comme ça. Moi, je me sentirais mal. »

« Comment tu sais si tu as assez de lait ? »

Ce qu'on entend : « Ton corps est défaillant et tu vas affamer ton enfant. »
Ce qu'ils veulent dire : « Mais ça marche vraiment ? Tu peux produire du lait comme ça, sans médicament, sans rien faire ? J'ai tellement intégré que nos corps ne pouvaient pas fonctionner sans aide extérieure que je n'ai plus confiance : comment savoir s'il mange suffisamment ? Et si je l'affamais ? »

« L'allaitement t'aurait fait perdre tes kilos de grossesse ! »

Ce qu'on entend : « Non seulement je suis une mauvaise mère, mais en plus, je suis difforme. »
Ce qu'ils veulent dire : « Dans notre société, l'apparence des femmes est un sujet de préoccupation majeur. Je suppose que tu es complexée par ces quelques kilos hérités de ta grossesse et je me dis qu'avec cet argument valide, je pourrais te convaincre d'allaiter. »

« Tu achètes tes petits pots au supermarché ?
Tu sais que c'est plein de perturbateurs endocriniens ! »

Ce qu'on entend : « Et hop ! Dix ans d'espérance de vie en moins ! »
Ce qu'ils veulent dire : « Avec les horreurs qu'on lit sur l'industrie agroalimentaire et les scandales réguliers, j'ai l'impression que tout ce qui est industriel est empoisonné. Je ne devrais pas : en France, la nourriture pour enfant répond à des normes drastiques. »

« C'est normal qu'il ne mange pas tes purées si tu ne les sales pas !
Et rajoute-lui un peu de jambon aussi, il faut qu'il prenne des forces. »

Ce qu'on entend : « Je ne viendrai jamais dîner chez toi ! »
Ce qu'ils veulent dire : « Moi, je n'aime pas les purées sans sel et sans épices, alors je projette sur ton bébé sans réfléchir au fait qu'on n'a ni le même âge, ni le même métabolisme. Je suis aussi issu de cette génération qui associe viande et force. »

Comment allaiter ou biberonner sereinement en public ?

Dans le célèbre conte de Cendrillon, la marâtre accepte que sa belle-fille se rende au bal, à la condition qu'elle trie d'abord des lentilles éparpillées dans la cendre de la cheminée. À première vue, cette tâche est irréalisable dans le temps imparti et c'est fait exprès. L'occasion accordée à sa belle-fille est factice : la belle-mère veut que Cendrillon échoue.

La société se comporte en marâtre envers les mères. Sous certaines conditions, elles sont bienvenues dans l'espace public, mais comme dans le conte, ces conditions ne sont pas pensées pour être réalisables. On exige un enfant propre, bien nourri et silencieux, bref, un enfant qui ne dérange personne, alors que la plupart des lieux publics ne disposent pas de solutions décentes pour accueillir les enfants, leur donner à manger et les changer au calme.

Sous pression permanente, les mères sont tentées de s'isoler chez elles, plutôt que de risquer de s'exposer aux critiques et aux regards extérieurs.

L'allaitement implique qu'on sorte son sein, les poussettes prennent de la place et les bébés font du bruit : c'est comme ça, ils font partie de la société au même titre que celles qui les élèvent. Pour éviter l'isolement, on va avoir besoin de soutien, et (d'un peu) de détermination.

«Je préfère ne pas m'en mêler...» : le rôle de l'entourage

La jeune mère est aussi une amie, une fille, souvent une conjointe. En théorie, la plupart d'entre elles sont entourées d'au moins quelques proches de confiance tenus de se comporter comme tels : loyaux et présents dans les moments compliqués. Ils doivent rester solidaires, même si le sujet ne les intéresse pas ou qu'ils n'ont pas l'impression qu'il les concerne.

Derrière ces histoires de nénés et de tétines, on défend pourtant l'égalité, l'inclusivité et la liberté de disposer de son corps. Les jeunes parents vont avoir besoin de toute leur équipe pour les soutenir et se battre en faveur de leurs intérêts.

« Votre génération est exhibitionniste ! » : s'isoler ou militer ?

Pour celles et ceux qui croyaient qu'il fallait seulement choisir le moyen le plus pratique de nourrir son bébé (ou de le poser, ou de le transporter) : eh non, raté. Dans l'univers de la parentalité, on a souvent l'impression que le moindre choix exige un engagement total. Il doit s'insérer dans un projet éducatif global et longuement réfléchi.

On a le droit de revendiquer ses choix pour lutter contre une oppression, sans être taxée d'exhibitionniste. On peut aussi les garder pour soi, par manque d'envie ou par crainte des réactions des autres ; ces réactions parfois si violentes que la priorité n'est plus de les affronter, mais de s'en protéger par tous les moyens.

Loin d'un débat public clivant, en privé, on s'interroge, on culpabilise, on se demande si on a bien fait, on n'assume pas trop et on préfère même se cacher. Ces ambivalences sont nécessaires, elles permettent de se remettre en question et d'apprendre à s'adapter ; des compétences très utiles, surtout quand on devient parent.

On répond quoi aux commentaires désobligeants ?

« Vous lui donnez de la viande rouge ? Ça aide à prendre des forces ! » : « Mais tout à fait ! On le nourrit exclusivement de boudin noir ! »

« Votre truc de diversification menée par l'enfant, c'est un coup à les étouffer » : « Vous avez déjà vu un enfant s'étouffer avec un melon entier, vous ? »

« Le lait maternel, c'est ce qu'il y a de meilleur pour le bébé » : « Et le portage physiologique aussi. Pourtant, tu as bien choisi la poussette, toi » (oui, c'est petit).

« L'allaitement, ça détruit le corps » : « Oh, tu sais, j'ai déjà une cicatrice qui me traverse l'entrejambe, alors foutu pour foutu... Attends, ne pars pas, je ne t'ai pas encore raconté le moment où on m'a recousue ! »

« L'allaitement, passé 6 mois, c'est malsain » : « C'est malsain parce qu'on ne peut pas s'empêcher de comparer le comportement de petits enfants avec celui d'hommes adultes. Et ça, je te le confirme, c'est très malsain. »

Internet, entre culpabilisation et émancipation

Sur les réseaux sociaux, les familles affichent un bonheur sans faille. On s'émerveille devant ces mères parfaites qu'on déteste autant qu'on les envie. On aimerait tellement leur ressembler qu'on oublie que ce qu'on voit sur Internet correspond rarement à la réalité. Les sources d'information sont variées, mais malheureusement pas toujours objectives, et 46 % des parents[12] déplorent une pression des réseaux sociaux. Ils sont autant à ne pas se sentir à la hauteur lorsqu'ils se comparent aux familles qu'ils voient en ligne.

Le web, ce n'est pas seulement une source d'information intarissable, c'est aussi un défouloir collectif et un lieu de prosélytisme et de consommation ; des usages qui compromettent la véracité des données qu'on recueille en ligne.

Avec Internet, les parents se croient plus compétents que les pros : les phénomènes de groupes en ligne

Les ressources accessibles dans le monde réel ne suffisent pas toujours à une génération habituée à disposer de tous les renseignements disponibles. D'autant que tous les professionnels ne suivent pas les mêmes formations. Certains affichent de vraies lacunes sur des sujets comme l'allaitement ou le sommeil, qui font encore massivement l'objet d'idées reçues...

Beaucoup de parents débarquent sur Internet après avoir encaissé de nombreux jugements et découvrent avec soulagement des espaces où ils peuvent à la fois s'informer et partager leurs expériences. Au sein de ces communautés qui promeuvent (par exemple) l'allaitement ou la parentalité bienveillante, les parents vont trouver quelque chose qui leur manque cruellement dans la vraie vie : du soutien et un sentiment d'appartenance. Les algorithmes vont amplifier ce phénomène en leur proposant exclusivement des contenus similaires. Ils agissent ainsi comme un biais de confirmation qui exacerbe les certitudes... mais aussi la culpabilisation, si on n'arrive pas à appliquer les préceptes suggérés. Cet entre-soi favorise le sentiment d'impunité et c'est ainsi que l'on devient ce parent qui en reprend un autre parce que :

- « Tu fais ce que tu veux, mais les champignons avant 6 mois, c'est vraiment dangereux... »
- « La tétine, c'est une solution de facilité et ça va ruiner ton allaitement. »

---

12. E. Charonnat, « Les réseaux sociaux mettent la pression aux parents de jeunes enfants », *CB Expert*, 20 décembre 2022.

Les nouveaux acteurs du web : amis ou marketeurs de génie ?

Dans la « vraie vie », les lieux d'informations, de soutien ou de consommation sont séparés et chaque structure est gérée par une autorité compétente distincte. À l'inverse, Internet abolit toute notion de cloisonnement et les espaces du web sont régis par des spécialistes d'un nouveau genre. Les influenceurs et les créateurs de contenu fédèrent avant tout grâce à leur expérience du quotidien et la sympathie ou l'admiration qu'ils inspirent. Avec cette proximité de façade, on oublierait presque que ces comptes ne sont pas là pour prodiguer des conseils objectifs, mais pour capitaliser sur des concepts aussi abstraits que la bienveillance ou le bonheur.

« C'était mieux avant ! » : l'autre facette des réseaux sociaux

Internet n'est pas une entité toute-puissante qui mène son existence comme il l'entend. Le web est piloté par des humains issus du monde réel. Bien utilisé, il devient également un espace de soutien et un média de sensibilisation et de prévention incroyable.

Si on s'éloigne peu à peu des carcans traditionnels, c'est aussi grâce à la visibilité en ligne des foyers qui sortent du cadre imposé. Les parents « différents » (hors de la « norme » blanche, valide, mince et hétérosexuelle), sont encore largement discriminés dans la vraie vie, mais peuvent désormais « exister » en ligne. Conseils juridiques et administratifs, témoignages, entraide, astuces... ces familles bénéficient enfin de ressources variées adaptées à leurs spécificités. Elles y sont aussi découvertes du grand public, un premier pas pour exister dans « le monde réel ».

Conclusion

Si Internet est cité comme une source d'injonctions incontournable, la toile est aussi un outil d'expression et de compréhension de soi formidable. Pour profiter de ses avantages sans risquer la crise d'angoisse, on n'oublie jamais de vérifier la véracité des messages véhiculés et de varier les sources d'information pour conserver sa neutralité.

Sur les réseaux sociaux, le nombre de caractères et de photos est très limité. Ce format exige des *punchlines* et une simplification à l'extrême. La vérité, à l'inverse, est toujours bien plus nuancée.

SOMMEIL et PLEURS

Le bébé vient de passer plusieurs mois dans l'obscurité la plus totale, sans aucune notion du temps. Jusqu'à présent, il s'endormait quand il était fatigué et se réveillait quand il n'avait plus sommeil. Le nourrisson ignore tout du concept de nuit et de jour et il faudra attendre des mois avant que son rythme circadien ne daigne s'aligner sur celui de ses parents.

C'est en tout cas l'explication scientifique donnée aux nombreux réveils nocturnes des nourrissons. Cette théorie ne convainc pas toujours l'entourage, car pour lui :
« À tous les coups, ces histoires de rythme circadien ont été inventées par le lobby des bébés. Si on ne réagit pas immédiatement, l'enfant occupera toujours le lit parental à 25 ans ! »

Et si c'était vrai ? Après plusieurs semaines, voire plusieurs mois de veille, on finit effectivement par croire qu'on ne redormira plus jamais. On y laissera notre santé et notre vie intime au passage, mais ce n'est pas grave, car on sera trop fatigué pour s'en soucier.

Pourtant, un jour, on se réveillera après une nuit complète. Encore mieux : un jour, on enchaînera tellement de nuits complètes qu'on ne s'émerveillera même plus en se réveillant. En attendant ce jour, on survit du mieux qu'on peut et on se protège des injonctions et des commentaires de l'entourage.

ÇA Y EST, ELLE DORT ?
OUI, ENFIN !
BEN DIS DONC, ÇA PREND DU TEMPS !
JE SAIS !
ON DOIT ENCORE RESTER AVEC ELLE JUSQU'À CE QU'ELLE S'ENDORME...
ON N'A PAS ENCORE EU LE COURAGE DE SE RÉ-ATTAQUER AU PROBLÈME D'ENDORMISSEMENT...
NE VOUS INQUIÉTEZ PAS, NOUS ON FAIT ENCORE DU CODODO AVEC LE DERNIER ET PARFOIS LA GRANDE VIENT MÊME NOUS REJOINDRE !
HEUREUSEMENT QU'ON A UN KING SIZE !
ÇA ME RASSURE !
TU TE RENDS COMPTE QUE QUAND TU ACCOUCHES, ON TE DIT PARTOUT DE NE SURTOUT PAS DORMIR AVEC TON BÉBÉ...
PARCE QU'IL Y A UN RISQUE D'ÉTOUFFE-MENT !
MAIS EN MÊME TEMPS ON TE CHUCHOTE QUE C'EST CE QU'IL Y A DE PLUS NATUREL POUR EUX QUAND ILS SORTENT DU VENTRE.
MOI, J'ÉTAIS PERDUE, ÇA M'A TERRIFIÉE !
JE L'AI GARDÉE SUR MOI QUELQUES NUITS MAIS JE N'AI PAS OSÉ FERMER L'ŒIL !

ENCORE DES INJONCTIONS CONTRADICTOIRES !
QUOI QUE TU FASSES, TU AS TOUJOURS L'IMPRESSION QUE QUELQU'UN VA SURGIR POUR TE DIRE QUE TU TE TROMPES.
PFF... C'EST TELLEMENT UNE PRISE DE TÊTE LE SOMMEIL !
FRANCHEMENT, ÇA M'A TRAUMATISÉE AU DÉBUT !
PAREIL !
QUAND J'ENTENDS DES PARENTS DIRE QUE LEUR ENFANT NE DORT TOUJOURS PAS À TROIS ANS, J'EN AI DES FRISSONS !
AH! AH!
LE MANQUE DE SOMMEIL, C'EST DE LA TORTURE !
JE NE SAIS PAS POURQUOI LES GENS ONT L'IMPRESSION QUE S'ILS EN ONT CHIÉ AVEC LE SOMMEIL DE LEUR BÉBÉ, TU DOIS ABSOLUMENT EN CHIER AUSSI !
ILS TE RACONTENT LEURS HISTOIRES D'HORREUR, LÀ...
BLAAA
POUR « TE PRÉPARER », SOI-DISANT.
QUAND TU SURVIS, TU TE RASSURES EN TE DISANT QUE TU AS ENDURÉ ÇA POUR UNE BONNE RAISON.
EN PARLER, ÇA A UN CÔTÉ VALORISANT ET CATHARTIQUE...

NON MAIS RIEN NE TE PRÉPARE À ÇA DE TOUTE FAÇON, C'EST LA LOTERIE !
AH ! AH ! BON COURAGE POUR EMPÊCHER LES GENS DE TE DIRE QUOI FAIRE ET COMMENT...
MOI JE PRÉFÈRE NE PAS SAVOIR...
COMME D'HABITUDE TOUT LE MONDE A SON AVIS SUR LA QUESTION DU SOMMEIL ET DES PLEURS !
À NOTRE ÉPOQUE, ON VOUS FAISAIT DORMIR SUR LE VENTRE ET ÇA NE POSAIT PAS DE PROBLÈME !
JE SAIS, TU L'AS DÉJÀ DIT...
ALORS, EST-CE QU'IL FAIT BIEN SES NUITS CE BÉBÉ ?
HEIN ?
À TON AVIS...
DOOOORS !!!
TANT QUE TU LE PEUX ENCORE !
IL FAUT RÉVEILLER VOTRE ENFANT TOUTES LES TROIS HEURES POUR LE NOURRIR !
IL N'A PAS L'AIR D'AVOIR FAIM, LÀ...

Bla Bla Bla !
MES ENFANTS ONT FAIT LEURS NUITS DÈS LA MATERNITÉ !
MÈRE PARFAITE
INCROYABLE !
OUINOUIN OUINOUIN OUINOUINOUINOU OUIN
LAISSEZ-LE UN PEU PLEURER ! ÇA LUI FAIT LES POUMONS !
EH BEN, LES PETITES FILLES, ÇA PLEURNICHE BEAUCOUP, COMPARÉ AUX GARÇONS...
Hi Hi Hi !
MAMAAAAN !
TIENS, TON FILS PLEURE, IL A BESOIN DE SA MAMAN...
OU SIMPLEMENT D'UNE COUCHE PROPRE ?
C'EST DANS TES CORDES, NON ?
TU SAIS QUE TU HABITUES MAL TA FILLE EN LA PRENANT DÈS QU'ELLE PLEURE...
OUIN
TU VAS EN FAIRE UNE CHOUINEUSE !
OUINOUINOUIN
LÉO
MAMAN
LA MEILLEURE MÉTHODE POUR LEUR APPRENDRE À S'ENDORMIR SEULS, C'EST DE LES LAISSER PLEURER 30 MIN !
ON EST SÛRS DE ÇA ?

MAMAN! MAMAAN!
AH BEN TIENS...
POURQUOI ELLE APPELLE TOUJOURS « MAMAN » ?
ELLE A UN PÈRE, NON ?
MAMAN!
DUNCAN, TU PEUX ALLER VOIR, S'IL TE PLAÎT ?
J'Y VAIS !
MERCI !
VOUS VOUS RELAYEZ POUR LA COUCHER ?
OUI, UN SOIR SUR DEUX.
ON ESSAIE D'ÊTRE À ÉGALITÉ.
MAIS TOUT AU DÉBUT, C'EST DUR D'ÊTRE À ÉGALITÉ DANS LE COUPLE PARENTAL !
SURTOUT SI TU ALLAITES ET QUE L'AUTRE PARENT N'A PAS DE CONGÉ ASSEZ LONG !
pshhhht
C'EST CLAIR, C'EST LÀ QUE TOUT SE JOUE ! QUAND TU TE RETROUVES SEULE AVEC TON BÉBÉ LES TROIS PREMIERS MOIS, TU DOIS TOUT GÉRER...
ET TU DÉVELOPPES UN LIEN SUPER FORT, CE QUI EST DUR À RATTRAPER POUR L'AUTRE PARENT !
TU DEVIENS FACILEMENT LE PARENT EXPERT, ET LÀ, C'EST LE PIÈGE !
LE OU LA PARTENAIRE NE PEUT PAS SE RENDRE COMPTE CE QUE C'EST QUE DE PASSER 8H PAR JOUR EN SOLO AVEC UN BÉBÉ !

D'OÙ LE MANQUE D'EMPATHIE ET DE SAVOIR-FAIRE :
JE BOSSE MOI DEMAIN ! IL FAUT QUE JE DORME !
ELLES SONT RANGÉES OÙ, DÉJÀ, LES CHAUSSETTES ?
IL FAIT QUELLE TAILLE DE COUCHES EN CE MOMENT ?
TODOU NATURE
ÇA NE TE DÉRANGE PAS SI JE VAIS À UNE COMPÉTITION DE FOOT TOUT LE WEEK-END ?
ALLÔ, MAMAN ? JE SUIS SEUL AVEC LES ENFANTS CE SOIR...
TU PEUX VENIR M'AIDER ?
ET MÊME EN AYANT PASSÉ LES TROIS PREMIERS MOIS ENSEMBLE, NON-STOP, LA CHARGE MENTALE EST DÉCUPLÉE SUR L'ORGANISATION DE LA MAISON, LES SOINS DU BÉBÉ, ETC.
C'EST CLAIR !
ET QUI PASSE SES SOIRÉES À ÉCOUTER DES PODCASTS ET LIRE DES LIVRES SUR LE SOMMEIL ET L'ÉDUCATION ?
C'EST NOUS !
ET QUI SE PREND LE PLUS D'INJONCTIONS ?
C'EST NOUS !
ET QUI ON CRITIQUE SI LES ENFANTS SE TIENNENT MAL ?
LES MÈRES !
BREF, L'ÉGALITÉ, ON N'Y EST PAS ENCORE...

QUE CACHENT CES PHRASES MALADROITES, OU CARRÉMENT BLESSANTES ?

Personne n'aime se sentir impuissant. Face à un parent qui souffre, on est tenté de proposer toutes les solutions, même les plus saugrenues, pour le soulager ; quitte à s'énerver lorsqu'il refuse. Alors que l'entourage ne lui veut que bien ! Dommage, puisque le parent, lui, aimerait surtout qu'on l'écoute.

Par exemple, quand ils disent :

« Tu devrais le laisser pleurer ! »

Ce qu'on entend : « Ne sois pas si sensible et laisse pleurer ton bébé toute la nuit jusqu'à ce qu'il s'endorme d'épuisement, traumatisé à jamais. »
Ce qu'ils veulent dire : « Le pauvre, on dirait un zombie. Avec ses principes bienveillants à la noix, le bébé lui fait la misère. Pourquoi s'infliger un tel truc quand il suffit de ne pas laisser le choix au bébé, il est maso ou quoi ? »

« La mienne a fait ses nuits dès la sortie de la maternité. »

Ce qu'on entend : « Nanananère ! Prout prout ! Moi, mon bébé, il est mieux que le tien ! Moi je suis un meilleur parent que toi-euh ! Et toc ! »
Ce qu'ils veulent dire : « On est trop fiers, car elle a fait ses nuits dès la maternité, mais on oublie de préciser qu'elle a eu une grosse régression du sommeil qui a duré un an. Elle pleurait toute la journée et elle refusait de manger. »

« Laisser pleurer un bébé pour s'endormir, c'est de la maltraitance ! »

Ce qu'on entend : « Tu fais passer ton confort avant les besoins de ton enfant, tu es égoïste et maltraitant. »
Ce qu'ils veulent dire : « J'ai lu qu'une étude menée sur des rats qu'on laissait pleurer avait démontré que cela augmentait le niveau de cortisol, l'hormone du stress. Si ce n'est pas une preuve ! »

« Quoi, il dort encore avec vous ? »

Ce qu'on entend : « Tu sais que le point commun entre tous les plus grands criminels, c'est qu'ils dormaient avec leur mère ? »
Ce qu'ils veulent dire : « Je me soucie de votre vie intime. Comment vous allez les faire, vos câlins, si vous avez toujours un bébé dans les pattes ? »

« S'il ne dort pas, c'est parce que vous êtes stressée ! »

Ce qu'on entend : « Tu es trop instable pour bien t'occuper d'un enfant. »
Ce qu'ils veulent dire : « Si je n'ai pas étudié le sommeil du bébé pendant mes études, j'ai bien intégré en revanche qu'il ne faut pas prendre les femmes au sérieux. »

Comment garder son calme malgré le manque de sommeil ?

La société française se méfie beaucoup des enfants. Ils sont suspectés dès la naissance de manipuler leurs parents, de faire des caprices et de s'immiscer dans la vie des adultes alors qu'ils n'y ont pas leur place. En refusant de laisser pleurer leur bébé, quitte à sacrifier leur propre besoin vital de sommeil, les parents d'aujourd'hui auraient finalement capitulé. Face à une mère ou un père épuisé, on s'agace plus que l'on ne compatit. Pourquoi l'entourage et les professionnels ont-ils tant de mal à soutenir et à accompagner les parents ?

« Le RGO, c'est dans la tête des parents » : le manque de formation

Aujourd'hui, le sommeil de l'enfant n'est toujours pas abordé dans le cursus universitaire de pédiatrie. Des troubles mécaniques avérés comme les freins de langue mal positionnés et le RGO (reflux gastro-œsophagien) provoquent encore le scepticisme de certains médecins. Ces pathologies impactent particulièrement les nuits de l'enfant et de sa famille, mais mettent souvent des semaines avant d'être diagnostiquées et soulagées.

Sur Internet et sur les réseaux sociaux, on maîtrise mieux les recommandations en vigueur. Malheureusement, en ligne, les parents sont de nouveau confrontés à des consignes culpabilisantes. Répondre aux besoins du bébé se transforme souvent en injonction, et poser le nourrisson pour aller aux toilettes s'apparente déjà à de la maltraitance.

« Enfin… tu fais comme tu veux, hein… » : « exactement ! »

Charlotte Delineau, du compte Instagram @lesnuitsdouces, et Manon Berteraut, du compte Instagram @premierecouche.sommeil, sont toutes deux accompagnatrices en sommeil de l'enfant. Les parents qu'elles reçoivent ne sont pas seulement épuisés, ils ont généralement perdu toute confiance en eux.

« Souvent, ils ont vu des professionnels de santé et se sont confiés à leurs proches, mais tout ce qu'on leur a conseillé, c'est de laisser pleurer ou d'essayer le 5/10/15, explique Charlotte Delineau. Si le manque de sommeil est très éprouvant, c'est généralement le manque d'empathie et d'écoute qui va rendre la situation aussi dure à vivre. »

Pour Manon Berteraut, les parents doivent déjà prendre conscience qu'ils font de leur mieux :

« C'est difficile parce que, finalement, la seule façon de se protéger des injonctions sur le sommeil, c'est d'avoir confiance en soi et en sa parentalité. Je rappelle aux parents qu'ils font le maximum en fonction des besoins de leur bébé et des leurs. C'est trop facile de leur dire de faire ci ou ça quand on n'a pas de contexte et qu'on n'est pas à leur place à 3 heures du matin, avec CE bébé qui est inconsolable. »

« Mais, vous ne pouvez plus faire l'amour ! » : l'intimité des parents, une préoccupation collective

Tous les enfants finissent par dormir la nuit. Ça ne les empêchera pas d'atterrir dans le lit de leurs parents les nuits de maladie, de cauchemar ou de gros chagrin. Certains feront même officiellement chambre commune. Pour d'autres familles, le cododo ne sera jamais une option. À condition que tout le monde y trouve son compte, l'intimité du foyer ne regarde personne.

On répond quoi aux commentaires désobligeants ?

« Mais vous n'avez pas peur pour votre vie sexuelle ? » : « Si tu savais tout ce qu'on peut faire sur une machine à laver réglée sur le mode essorage ! »

« Laisse-le pleurer, sinon il va s'habituer » : « S'habituer à avoir confiance en ses parents ? Je suis prête à prendre le risque ! »

« Il doit se sentir abandonné » : « Vu le nombre d'heures que je passe à le câliner, à lui chanter des berceuses et à m'émerveiller devant lui, ça m'étonnerait. Heureusement qu'il n'y a pas qu'une seule façon d'être un bon parent. »

« Tu ne veux pas le lâcher un peu ? » : « J'ai toute la vie pour le lâcher, alors si tu permets, je vais plutôt profiter de cette période pour le coller à fond. »

« Il fait ses nuits ? Vous avez arrêté de l'allaiter ? Il dort dans sa chambre ? » : « Oui, oui, oui, bien sûr (non.) ! »

Charge mentale et injonctions dans le couple

La paternité a évolué avec la société. Au cours des quarante dernières années, le patriarche distant et autoritaire a peu à peu laissé sa place à un modèle qui assume son investissement auprès de ses enfants. Malgré les changements de comportements avérés et une réelle volonté de bien faire, le couple hétérosexuel reste un des bastions des injonctions et des inégalités parentales.

À la naissance d'un enfant, les écarts se creusent et les conflits s'enveniment : 50 % des parents songent à la rupture et 20 à 25 % se séparent dans l'année qui suit la naissance[13]. Sans arriver jusque-là, 81 % d'entre eux se disputent au sujet des tâches domestiques[14].

L'amour et l'optimisme ne suffisent pas à éviter les écueils genrés et le *baby clash* (la crise de couple qui survient à l'arrivée du bébé). Pour limiter les tensions et les injonctions au sein du couple, il faut accepter de remettre en question des comportements encore très ancrés.

« Arrêtez de jouer les victimes ! » : les inégalités dans le couple ne sont pas le fruit du hasard

C'est difficile d'admettre qu'encore aujourd'hui, les pères profitent d'un système qui désavantage constamment leur compagne. On préfère accuser les circonstances pour justifier les inégalités genrées dans le couple : elle allaite, elle connaît mieux le bébé, elle a besoin de tout maîtriser, elle a toujours été plus organisée...

Ces situations distinctes sont pourtant imprégnées par les stéréotypes de genre. Les femmes apprennent dès l'enfance à se montrer consciencieuses et dévouées aux autres. De leur côté, les hommes intègrent que leur nature prétendument bordélique et maladroite va les priver d'un certain nombre de corvées pénibles. Par exemple : dans 78 % des familles, les mères se lèvent plus souvent la nuit[15]. Ce n'est pas conscientisé, évidemment, d'autant plus que les pères sont très valorisés : un papa qui pousse un landau, c'est un super-héros ; si c'est une maman, elle aurait quand même pu choisir une écharpe de portage. Dur de se remettre en question dans ces conditions...

---

13. Enquête IFOP/Sleepyz sur la vie sentimentale et sexuelle des jeunes parents réalisée en 2022.
14. *Ibid.*
15. *Ibid.*

« Tu aurais pu ranger, toi, tu ne travailles pas » : le congé maternité, ce n'est pas des vacances !

Le terme *congé* induit en erreur. Le « congé » maternité s'apparente plutôt à un stage de survie en conditions extrêmes. L'objectif : comprendre comment fonctionne le bébé. Le temps consacré à cette activité dépasse déjà largement le maximum autorisé : 168 heures par semaine, au lieu des 35 heures légales en France.

Celui qui a décrété qu'il fallait ajouter les corvées domestiques à la liste des tâches n'était... pas une mère en congé maternité. Le temps des femmes continue de leur appartenir, même lorsqu'elles sont en charge d'un petit être humain. Chaque seconde de libre n'est pas censée être consacrée à l'entretien de la maison.

Quand on s'indigne d'un appartement en désordre ou d'une compagne pas douchée, c'est qu'on a déjà internalisé des stéréotypes sexistes : sous prétexte qu'elle est mère, une femme est désormais entièrement responsable de la sphère domestique.

« Tu lui passes tout ! » : le déséquilibre

Même si le couple sans enfant fonctionne sur un mode égalitaire, tout change à la naissance de l'enfant. Actuellement en France, les pères disposent de 28 jours de congé paternité, soit 4 semaines, contre 10 à 18 semaines pour les mères. Le retour au travail du conjoint plonge temporairement le couple dans un schéma traditionnel : à la maison, le bébé et sa mère s'apprivoisent, et le bébé est en adoration devant cette grande personne fantastique qui comble tous ses besoins et pleure avec lui. C'est le principe de la figure d'attachement, alias la figure de référence absolue du nourrisson.

Lorsque le bébé commence à avoir un comportement de bébé, par exemple s'il a du mal à s'endormir seul, la personne qui s'occupe de lui toute la journée saura comment réagir. En revanche, celui qui était en réunion n'aura pas grand-chose d'autre à suggérer que des phrases qu'il a certainement lui-même entendues de la part de son propre père.

Conclusion

L'organisation actuelle du post-partum exacerbe les inégalités. C'est une période que l'on devrait passer à la maison avec le bébé, pas à se disputer par message pour savoir lequel des deux est le plus fatigué. Ces semaines séparées, l'une dedans, l'autre dehors, instaurent une dynamique dont il est difficile de se défaire, au risque de faire du couple un lieu d'injonctions où les stéréotypes de genre peuvent s'épanouir pleinement.

la DIFFÉRENCIATION des GENRES

L'inventeur du kiki pour cheveux doit compter parmi les plus grosses fortunes de la planète. Avant lui, rien ne différenciait un bébé garçon d'un bébé fille. Désormais, c'est facile : la fille, c'est le bébé qui râle en se grattant la tête.

Dès que le sexe du bébé est connu, il peut devenir dans l'imaginaire de ses parents une petite princesse, une chipie ou un petit mec, un bagarreur, un ingénieur en génie civil. C'est un sacré travail de déconstruire toutes les idées reçues que les enfants entendent à l'extérieur de la maison. Surtout quand nous, parents, devons aussi détricoter nos propres biais.

Des biais, tout le monde en a, même s'ils sont généralement inconscients. C'est ce qui les rend si difficiles à identifier et à accepter. Les cadeaux et les commentaires genrés n'encouragent pas délibérément les conduites sexistes ; la société a toujours été organisée comme ça ! Les proches apprécient d'ailleurs moyennement qu'on les reprenne : ça ne va pas bien de les accuser de misogynie, alors qu'ils soutiennent le mouvement #metoo ?! Le biais se propage incognito, déguisé en vérité absolue. C'est ce qui le rend si puissant.

On dénonce la toxicité des stéréotypes, mais on ne va pas non plus prétendre que le sexe du bébé n'a pas d'importance pour ses parents. Beaucoup auront besoin de cette information pour se projeter, parce qu'elle va influencer le futur de l'enfant ; ce n'est pas déraisonnable de s'y intéresser.

Il n'a jamais été question « d'abolir les genres » ni d'interdire à qui que ce soit de jouer à la poupée ou aux petites voitures. On veut simplement que nos enfants soient libres de vivre comme ils l'entendent, sans devoir se battre pour ça.

OH, ABEL, QUELLE BELLE ROBE TU AS !!
N'EST-CE PAS ?
IL L'ADOOOORE !
IL VEUT TOUT FAIRE COMME SA SŒUR...
HI HI, JE TROUVE ÇA GÉNIAL, IL A TOUT LE TEMPS D'ÊTRE RATTRAPÉ PAR LE PATRIARCAT ET SES FOUTUES NORMES GENRÉES...
VOLE, PETIT PAPILLON !
AH AH !
ENFIN, POUR LE RESTE, T'INQUIÈTE QU'IL FAIT BIEN PETIT MEC...
L'ÉCOLE ET LES COPAINS SE CHARGENT DE LUI INCULQUER LES RÈGLES GENRÉES ! IL EST AUSSI FAN DE BAGARRE ET D'ÉPÉES !
DU COUP, JE ME METS ENCORE PLUS LA PRESSION POUR COMPENSER À LA MAISON !
JE COMPRENDS !
AVEC MA FILLE, JE ME POSE PLEIN DE QUESTIONS :
EST-CE QU'ELLE EST CALME PARCE QU'ON L'ENCOURAGE À ÊTRE COMME ÇA ?
EST-CE QUE C'EST LA SOCIÉTÉ QUI LA CONDITIONNE DÉJÀ ?
OU EST-CE QUE C'EST JUSTE SON TEMPÉRAMENT ?

IL Y A FORCÉMENT UN PEU DE TOUT ÇA !
REGARDE SENNA, C'EST UNE TORNADE, COMME SON FRÈRE !
ET POURTANT, ELLE EST AUSSI TRÈS TRÈS « FILLE »...
ENFIN, SA PASSION POUR LA REINE DES NEIGES, C'EST SÛR, C'EST PAS DE L'INNÉ !
NOUS, POUR LE MOMENT, ON PEUT ENCORE HABILLER ODESSA DE MANIÈRE NON GENRÉE...
OUI, VAS-Y !
MAMA ?
MAIS LA CRÈCHE NOUS LA RENVOIE TOUS LES JOURS AVEC DES COUETTES OU DES TRESSES...
MÊME SI C'EST MIGNON, JE TROUVE QUE C'EST DÉJÀ UNE MANIÈRE DE LUI FAIRE SENTIR QU'ELLE DOIT SE CONFORMER À SON STATUT DE FILLE.
QUAND ELLE ÉTAIT TOUT BÉBÉ, ON NOUS POSAIT SANS CESSE CETTE QUESTION : FILLE OU GARÇON ?
UNE VÉRITABLE OBSESSION !
ÇA M'ÉNERVAIT BEAUCOUP...
ET PUIS, JE ME SUIS RENDU COMPTE QUE J'AVAIS MOI-MÊME DU MAL À AVOIR UNE DISCUSSION AVEC UN PARENT, SANS GENRER LE BÉBÉ !!
QUE VEUX-TU, ON VIT DANS UNE SOCIÉTÉ COMPLÈTEMENT BINAIRE !

EN EFFET... ET IL Y A DES GENS QUE ÇA REND FOUS SI TU NE RESPECTES PAS LES CODES !
OOH, COMMENT S'APPELLE CE PETIT GARÇON ?
EUH...
QUELQUES INJONCTIONS :
ALOOORS, C'EST QUOI ??
BEN... UN BÉBÉ !
MAIS ENFIN, METTEZ-LUI DU ROSE, QU'ON SACHE QUE C'EST UNE FILLE !
IL FAUT LUI COUPER LES CHEVEUX, IL RESSEMBLE TROP À UNE FILLE, LÀ.
ET ALORS ?
LOVE
UN T-SHIRT LICORNE ?! MAIS TU VAS EN FAIRE UN HOMOSEXUEL !!
BEN VOYONS...

COMME ELLE EST MIGNONNE CETTE PETITE ! ELLE VA EN BRISER DES CŒURS AVEC CETTE BOUILLE !
PARDON ?
FAITES ATTENTION, MON FILS ADORE EMBRASSER LES JOLIES FILLES, IL VA CRAQUER SUR LA VÔTRE, C'EST SÛR !
EUH... BEN, NON !
BON
AH LA LA, LES GARÇONS... IL NE PEUVENT PAS S'EN EMPÊCHER, HEIN, C'EST DANS LEUR NATURE !
QUENTIN, MEHDI, ARRÊTEZ TOUT DE SUITE !!
AAH, C'EST BIEN MON FILS, FORT COMME SON PAPA !
EH EH
TU VOIS, MA CHÉRIE...
LES FILLES DOIVENT TOUJOURS ÊTRE DOUCES, GENTILLES ET JOLIES !
MAIS NON !!
VA-T'EN, LES FILLES C'EST NUL AU FOOT ET ÇA FAIT QUE DE RÂLER ET SE PLAINDRE !
ALLEZ, PASSE-MOI LE BALLON !
10

EH BEN, LES STÉRÉOTYPES ONT ENCORE DE BEAUX JOURS DEVANT EUX !
HEUREUSEMENT ON A QUELQUES OUTILS POUR SE DÉFENDRE…
IL Y A DES SUPER LIVRES POUR ENFANTS SUR LES QUESTIONS DE GENRE ET LE SEXISME.
ET DES LIVRES POUR LES PARENTS FÉMINISTES, AUSSI !
Hi Hi Hi
MAMAN
OUI, IL VAUT MIEUX BIEN S'ARMER POUR RÉPONDRE À TOUTES CES INJONCTIONS ET FAIRE PREUVE DE VIGILANCE.
MOI, JE M'EN FICHE QU'ON ME DISE QUE JE PORTE TROP MA FILLE OU QUE LA TÉTINE C'EST MAUVAIS…
ÇA N'AURA QUE PEU D'IMPACT SUR SA VIE FUTURE.
MAIS SI, DÈS LA NAISSANCE, ON LUI IMPOSE UN MODÈLE QUI VA DE LA COULEUR DE SES VÊTEMENTS À LA CARRIÈRE QU'ELLE POURRA CHOISIR…
EN PASSANT PAR SON ORIENTATION SEXUELLE, ALORS LÀ, ÇA ME REND FURIEUSE !
CE QUI EST DIFFICILE C'EST QUE CES INJONCTIONS MAJEURES SONT VÉHICULÉES PAR DE TOUTES PETITES CHOSES, EN APPARENCE SANS IMPORTANCE.
UNE REMARQUE PAR-CI, UN FILM PAR-LÀ, UN JOUET, UN LIVRE, UNE PUB…
ET « POUF », AU FINAL, ON BAIGNE DEDANS SANS MÊME S'EN RENDRE COMPTE ET IL FAUT TOUT DÉCONSTRUIRE PAR LA SUITE.
POUF !
EXACTEMENT, COMME ON A DU LE FAIRE POUR NOUS-MÊME !

J'ESPÈRE MALGRÉ TOUT QUE MA FILLE POURRA ÊTRE ENCORE PLUS LIBRE QUE MOI...
QU'ELLE POURRA CHOISIR QUI ELLE VEUT ÊTRE INDÉPENDAMMENT DE SON GENRE, SANS ÊTRE CONSTAMMENT RAPPELÉE À L'ORDRE PAR LA SOCIÉTÉ...
ET MOI, J'ESPÈRE QUE MON FILS POURRA EXPRIMER SES ÉMOTIONS ET ÊTRE EMPATHIQUE...
ET QU'IL N'AURA PAS BESOIN DE DOMINER LES AUTRES POUR TROUVER SA PLACE DANS LA SOCIÉTÉ.
MAIS EN SOI, JE N'AI RIEN CONTRE LE ROSE OU LE BLEU, NI MÊME LES ROBES DE PRINCESSE OU LES ÉPÉES...
JE NE VAIS PAS LES INTERDIRE ET TRANSFORMER ÇA EN INJONCTIONS CONTRAIRES.
LA SOLUTION, CE N'EST PAS D'EMPÊCHER NOS FILS DE FAIRE DES TRUCS DE « GARÇONS », MAIS D'ÊTRE VIGILANTS POUR QUE NOS ENFANTS RESTENT OUVERTS D'ESPRIT, MÊME S'ILS INTERNALISENT CES INJONCTIONS GENRÉES.
YAHAAA !
AH OK, ON ESSAIE JUSTE DE SAUVER LES MEUBLES, ALORS ?
NON, ON FAIT AVEC LA RÉALITÉ, MAIS ON SE BAT DE TOUTES NOS FORCES !

En matière de déconstruction, tout le monde n'avance pas au même rythme. Certains traînent encore leurs stéréotypes réducteurs et leur homophobie latente, quand d'autres sont persuadés d'avoir déjà franchi la ligne d'arrivée de la déconstruction.

Par exemple, quand ils disent :

« Mais comment on peut lui offrir des cadeaux si on ne connaît pas le sexe ? »

Ce qu'on entend : « On vous laisse une dernière chance. Si vous ne nous révélez pas immédiatement le sexe du bébé, on ne vous achètera que des jouets orange fluo qui clignotent et qui font de la musique. »
Ce qu'ils veulent dire : « J'ai peur de faire une bourde, moi. Imagine, je lui offre une poupée alors que c'est un garçon, on va se moquer de lui ! »

« Mais le vernis à ongles, ce n'est pas un truc de garçon ! »

Ce qu'on entend : « Quelle horreur, ton fils va devenir une fille. »
Ce qu'ils veulent dire : « Vous avez eu de la chance d'avoir un garçon, pourquoi le féminiser alors que les "trucs de filles" sont aussi dévalorisés ? Vous allez lui attirer des problèmes et lui coller de drôles d'idées ! Si vous tenez vraiment à être subversifs, offrez plutôt un camion de pompier à votre fille ! Ah, c'est déjà fait ? »

« Jolie comme elle est, elle n'aura aucun mal à avoir tout ce qu'elle veut ! »

Ce qu'on entend : « Ta fille de 18 mois est une michetonneuse. »
Ce qu'ils veulent dire : « C'est vrai qu'elle est aussi rigolote et très éveillée cette petite, mais ce ne sont pas des qualités très valorisées chez les filles. Quitte à faire un compliment, autant mentionner quelque chose d'important. »

« Ah ça, il a de la force, c'est un vrai garçon ! »

Ce qu'on entend : « Avoir un garçon, c'est encore considéré comme une chance, alors vous n'allez quand même pas vous plaindre quand il vous mord. Au contraire, c'est super ! Toute cette agressivité, ça veut dire que c'est un vrai bonhomme ! »
Ce qu'ils veulent dire : « Les hommes ont toujours dominé par la force, je pense que c'est dans leurs gènes et à cause de la testostérone. On ne va pas aller contre la nature, quand même ! »

« Moi, je ne comprends pas les gens qui veulent connaître le sexe de leur bébé avant la naissance. C'est un peu malsain, non ? »

Ce qu'on entend : « Vous avez pensé à consulter un psychanalyste pour régler vos traumatismes d'enfance ? »
Ce qu'ils veulent dire : « J'ai la chance de ne pas être influencé par les biais de genre et j'en suis fier. J'en suis si fier que je suis déconnecté de la réalité : dans mon monde, le genre n'a d'importance pour personne ! »

Comment éviter de transmettre ses biais genrés ?

Dans une société essentialiste et inégalitaire, le genre influence tous les rapports : amoureux, professionnels, amicaux, mixtes ou non. Tout le monde possède ses propres biais, même les plus déconstruits d'entre nous.

Avant de se lancer à l'assaut des stéréotypes, on doit d'abord s'interroger : quelles sont nos relations avec notre genre et les autres ? Avait-on envie d'avoir une fille ou un garçon en particulier ? Et pourquoi ? Vouloir lutter contre les clichés, c'est bien. C'est encore mieux quand on sait exactement contre quoi on se bat, et comment le faire, en fonction de ses capacités.

« Voilà les chieurs de la crèche ! » : éduquer l'entourage

Parmi tous les conseils de ce livre, celui qui suit est certainement le plus malaisé à appliquer : il s'agit de corriger toutes les réflexions ou les comportements stéréotypés et/ou discriminants. En présence de l'enfant, du moins. C'est dommage que des parents se déchirent pour une purée de brocolis maison ou industrielle, puisque le bébé refusera de l'avaler quoi qu'il arrive, alors qu'on pourrait garder notre énergie pour aller savater le patriarcat ; parce que lui, il va vraiment empoisonner notre progéniture.

On a le droit de devenir ce parent qui demande des comptes à la crèche et qui « emmerde tout le monde » avec ses principes. L'enfant, lui, il voit. Il semble peut-être indifférent. Il crèvera sûrement de honte dans une dizaine d'années, mais il aura les armes pour se protéger du sexisme. Il saura aussi qu'il peut toujours se reposer sur ses parents, peu importe ce qu'il devient.

N.B. : on a aussi le droit de rester ce daron qui n'a pas l'envie, la force ou le temps d'exprimer à haute voix son désaccord. Ne rien dire sur le moment et y revenir plus tard quand on est seul avec le marmot, c'est une option tout aussi convenable.

« Tu mets des robes roses à ta fille ? Mais c'est hyper connoté fifille ! » : oui, c'est vrai. Et alors ?

Au début, l'enfant existe surtout dans l'esprit de ses parents. Ils se le représentent forcément très éveillé (sauf la nuit), sûr de lui et empathique. Épanoui par une éducation saine et cadrée, mais complice et joyeuse, cet enfant sera libre de faire ses propres choix.

Ce qu'on ne sait pas encore, c'est que les choix de nos enfants risquent de brûler nos rétines, vriller nos tympans et annihiler nos valeurs les plus solides. À la seconde où le bébé mettra un pied en collectivité, il fera la connaissance d'une pop culture ultra genrée et réclamera des robes Reine des neiges et des t-shirts Pat Patrouille.

Chaque parent décide de ce qu'il autorise ou non, mais la plupart cèdent sans forcément le regretter. Les petits poneys, *Dessinons la mode* et les gloss aux fruits peuplent les bons souvenirs de beaucoup de mères nées dans les années 1980 ou 1990. Leurs compagnons, eux, ont grandi avec des Actions Man, des Mighty Max et des Tortues Ninja. L'adulte ne trahit pas ses principes juste parce qu'il s'extasie devant un tracteur qui clignote ou une poupée aux cheveux arc-en-ciel.

On répond quoi aux commentaires désobligeants ?

« Tu joues au foot comme une fille ! » : « Tu veux dire que non seulement, je joue aussi bien que les hommes, mais qu'en plus j'ai un ego de taille normale ?! »

« Vous attendez une fille ? Mais tu vas flipper tout le temps qu'il lui arrive un truc, mon pote ! » : « Ou alors, tu peux éduquer correctement ton fils, pour que ma fille puisse sortir en sécurité et que je n'ai plus besoin de m'inquiéter pour elle. »

« Ma petite de 3 ans est un vrai garçon manqué ! Les animaux, le rose, les poupées, ça ne l'intéresse pas du tout ! » : « C'est vrai qu'à cet âge-là, elles sont nombreuses à se comporter comme de vrais mecs. Par exemple, la mienne laisse traîner ses affaires et tape des colères dès qu'elle a peur de quelque chose. »

« Tu laisses ton fils se déguiser en princesse, tu n'as pas peur que... enfin, tu vois ? » : « Peur qu'il devienne un adulte bien dans sa peau ? Non. Peur qu'il aime les garçons plus tard ? Non plus, tant qu'il est heureux, ça me va (et une robe n'a jamais influencé une orientation sexuelle). »

« Les *genders reveals*, c'est vraiment une tradition d'arriéré. Nous, on n'aurait jamais fait un truc pareil. » : « Vos enfants ont de la chance d'avoir des parents aussi déconstruits et tolérants ! »

Le patriarcat, le pire ennemi des mères

Les injonctions faites aux parents reflètent les croyances et les traditions sociétales, familiales ou encore professionnelles. Elles sont empreintes d'adultisme, de discrimination et de sexisme. Les pères sont désormais plus impliqués dans la vie de leur enfant et ils sont concernés par les injonctions, mais dans l'imaginaire collectif, ce sont les femmes qui portent encore la charge domestique et éducative. Les métiers de la petite enfance sont exercés quasi exclusivement par des femmes : elles représentent 99 % des auxiliaires de crèche et 97 % des assistantes maternelles[16]. Les enfants intègrent dès le plus jeune âge que le « *care* » (le « soin à la personne » en français) est une activité non seulement genrée, mais peu valorisante.

« C'est facile pour toi, tu es programmée pour ça ! » : le mythe de l'instinct maternel

Le mythe de l'instinct maternel est encore largement perpétué, même si la recherche a formellement démontré qu'il n'existait pas[17]. Cette légende permet surtout de justifier qu'on assigne les femmes au foyer pour garder les enfants (il faut bien que quelqu'un s'en charge), pendant que les hommes travaillent.

Cet « instinct maternel » se manifesterait par des comportements innés comme la douceur, la patience, l'abnégation, ainsi que des compétences naturelles pour la puériculture et l'éducation. Si une mère ne se distingue pas dans ces domaines, elle est d'office jugée défaillante. Pire, si une femme ne veut pas d'enfant, c'est que quelque chose dysfonctionne sérieusement.

« C'est un sacré garçon manqué, dis donc ! » : le conditionnement des genres, le destin des mères

Puisque la société a décidé de faire comme si l'instinct maternel existait, on part du principe que cet instinct sommeille dans le cœur de chaque femme, pour se réveiller quand elles accompliront leur destinée de mère.

Les petites filles subissent les injonctions à la parentalité dès l'enfance : on leur offre des poupées pour jouer à la maman et apprendre à prendre soin des autres, on projette les enfants qu'elles auront un jour, bref : on les prépare sans même s'en rendre compte.

---

16. L'Assmat, « Stéréotypes de genre : des quotas pour masculiniser l'accueil du jeune enfant ? », 15 octobre 2021.
17. France Inter, « L'instinct maternel : une vaste supercherie, finalement assez récente », 1er juin 2023.

De leur côté, les petits garçons reçoivent des camions de chantier et des ballons de foot en cadeau. Lorsqu'ils s'intéressent aux poupons ou aux robes de princesse, on leur rappelle qu'il s'agit de « jeux de filles ». Comprendre : des activités futiles indignes des vrais garçons (hétérosexuels, évidemment).

« Les femmes entre elles, c'est vraiment des pestes ! » : l'isolation des femmes

La société n'est pas organisée pour accueillir les enfants et les familles. Les solutions de garde pérennes manquent, les lieux publics ne sont pas adaptés aux plus jeunes, les transports en commun sont pensés pour les adultes valides, etc. Finalement, le message est clair :

« C'est votre problème, débrouillez-vous et ne comptez pas sur nous. Mais comme vous êtes conçues pour ça, vous avez intérêt à le faire bien. »

Une véritable société parallèle exclusivement maternelle se met alors en place : les mères inventent leurs propres ressources, scellent des alliances entre elles et instaurent leur propre système d'autorité. Les mères qui se crêpent le chignon font rire et inspirent le mépris. Ces phénomènes portent même un nom en fonction des pays : « *Mum War* » (« la guerre des mères »), « *Moeder Mafia* » (« la mafia des mères »). Ces injonctions qui viennent des femmes elles-mêmes permettent de maintenir l'ordre et de s'assurer que tout le monde file droit. Et de se défouler.

Conclusion

L'instinct maternel et les légendes autour de la maternité mettent des bâtons dans les roues des hommes, pourtant tout aussi capables de gérer les tempêtes émotionnelles d'un tout-petit et de changer des couches. Alors qu'on accepte enfin de remettre en question les inégalités, les jeunes pères constatent que les interlocuteurs manquent cruellement. Entre hommes, on ne parle pas de ça. Les pères de l'ancienne génération sont perdus et impuissants face à des fils à la recherche de réponses, et les potes voient encore un aveu de faiblesse lorsqu'ils s'expriment sur ces sujets.

Heureusement, de plus en plus de groupes de parole et de livres s'adressent à ces jeunes pères qui découvrent à leur tour la rudesse de l'investissement parental, et sa merveilleuse contrepartie : une relation intime et épanouissante avec leurs enfants.

le DÉVELOPPEMENT de L'ENFANT

À la fin de son premier trimestre de vie, le bébé se lance réellement à la conquête de son environnement. Il tend même ses mini bras dodus pour essayer d'attraper les figurines de son mobile. Selon l'âge de l'enfant, et les informations recueillies sur Naître et Grandir[18] et consorts, il devrait bientôt saisir des petits objets.

Même si le bébé est fantastique, lui ne sait pas encore lire. Il ignore qu'à 3 mois, il est déjà censé attraper, tout comme il ignore qu'il devra ramper dès 7 mois et marcher à 1 an. On s'est promis d'être des parents cool et respectueux du rythme du bébé, mais la réalité nous rattrape lors d'une visite chez des amis ou à la PMI (Centre de protection maternelle et infantile). Face à notre adorable étoile de mer qui gazouille sur son tapis d'éveil, ou à notre petit tonneau fou qui roule pour se déplacer, l'entourage partage ses inquiétudes : à cet âge-là, il ne devrait pas [insérer une acquisition pas encore maîtrisée par ledit bébé] ?

Alors que le bébé perd son statut de nourrisson générique pour devenir un individu, la pression monte d'un cran pour les parents. C'est sur eux que pèsent tous les soupçons en cas de retard (présumé ou avéré) de développement :

- « Il est tout le temps dans tes bras, comment tu veux qu'il apprenne à marcher ? »,
- « Tu l'étouffes, il a peur de se lancer ! ».

Il faut stimuler l'enfant, sans le contraindre. Il faut l'accompagner sans en faire trop. Il faut l'autonomiser sans l'abandonner. Au fur et à mesure que le petit grandit, les attentes envers lui se multiplient : il devra être cadré mais épanoui ; poli, mais audacieux ; créatif mais soigné ; arrangeant mais déterminé ; humble mais sûr de lui. À ce niveau d'exigence, les erreurs sont inévitables. Heureusement, leurs conséquences sont rarement dramatiques.

18. naitreetgrandir.com

ROOOOH, MAIS REGARDE CE PETIT CHOU, LÀ !!
IL TIENT TOUT JUSTE SUR SES JAMBES ! J'ADORE CET ÂGE-LÀ !
AU FAIT, IL A MARCHÉ À QUEL ÂGE, ABEL ?
12 MOIS, ET ODESSA ?
16 MOIS...
OUI, MAIS ELLE PARLE DÉJÀ BIEN ! ABEL NE S'Y EST MIS QUE TRÈS RÉCEMMENT !
BAH, CHACUN SON RYTHME.
ENFIN, J'AVOUE QUE C'EST DUR DE NE PAS COMPARER LE DÉVELOPPEMENT DE SON ENFANT AVEC CELUI DES AUTRES...
C'EST UNE MANIÈRE DE SE RASSURER.
Slluuurp !
Slluuurp !
ET QUAND TU AS PLUSIEURS ENFANTS, C'EST ENCORE PIRE !
ON LES COMPARE TOUJOURS ENTRE EUX, LES PAUVRES.
TIENS, SA SŒUR PARLAIT DÉJÀ À CET ÂGE-LÀ !
IL A UN PEU DE RETARD, NON ?
D'AILLEURS, LES PROCHES NE SE GÊNENT PAS POUR LE FAIRE NON PLUS !
GNIA, GNIA, GNIA...
'GARD, MAMIE, MON TOTO !

MOI, JE PEUX COMPARER MES ENFANTS, OK ?
PERSONNE D'AUTRE !
EST-CE QU'ON NE S'INQUIÉTERAIT PAS UN PEU TROP POUR EUX, GLOBALEMENT ?
ÇA DÉPEND, IL Y A S'INQUIÉTER ET S'INQUIÉTER !
CHAQUE ENFANT SE DÉVELOPPE À SON PROPRE RYTHME, AVEC DES BESOINS DIFFÉRENTS. IL FAUT Y ÊTRE ATTENTIF...
MAIS IL NE FAUT PAS NON PLUS S'INQUIÉTER AU MOINDRE « RETARD » ET VOULOIR QUE L'ENFANT COCHE TOUTES LES CASES DU MANUEL DE L'ENFANT PARFAIT !
LÉO
MOTEUR
COGNITIF
LANGAGE
TINA
MOTEUR
COGNITIF
LANGAGE
LUCE
MOTEUR
COGNITIF
LANGAGE
CROISSANCE
DIT « BONJOUR » À LA DAME
RAMASSE SES JOUETS ET LES RANGE
MARCHE À QUATRE PATTES
DIT « S'IL TE PLAÎT » ET « MERCI »
CHANTE JUSTE
CHANGE SA COUCHE SEUL
FAIT DU VÉLO SANS LES MAINS
OUI, IL FAUT TROUVER LE BON ÉQUILIBRE...
J'AI REMARQUÉ QUE LES GENS PROJETTENT LEURS PROPRES INQUIÉTUDES SUR LES ENFANTS.
ON NE LEUR LAISSE PAS BEAUCOUP DE PLACE POUR ÊTRE EUX-MÊMES AU FINAL.
BEN... ON SE CONSTRUIT TOUTES ET TOUS EN RÉACTION À NOTRE ENTOURAGE ET À L'ENVIRONNEMENT DANS LEQUEL ON GRANDIT !
LES INJONCTIONS QU'ON REÇOIT FONT PARTIE INTÉGRANTE DE CET ENVIRONNEMENT.
DONC FORCÉMENT, ÇA A UNE INFLUENCE !

TU VEUX DIRE QU'EN BIEN COMME EN MAL, ON EST FAÇONNÉS PAR LES INJONCTIONS ?
OUI, C'EST FORCÉ !
ENFIN, LE PLUS SOUVENT ON SE CONSTRUIT EN OPPOSITION À CES INJONCTIONS.
D'OÙ LE CHOC GÉNÉRATIONNEL !
QUELQUES PHRASES ENTENDUES :
TA FILLE FAIT DES CAPRICES PARCE QUE TU ES TROP GENTILLE AVEC ELLE...
TU NE LUI DONNES JAMAIS DE CLAQUES !
IL NE MARCHE PAS ENCORE ?
ÇA NE VOUS INQUIÈTE PAS ? ILS SONT CENSÉS SAVOIR MARCHER À 12 MOIS !
IL NE FAUT PAS LUI LAISSER LA TÉTINE COMME ÇA, ELLE NE LA LÂCHERA JAMAIS !
DE QUOI JE ME MÊLE ?
OH, IL N'EST PAS ENCORE PROPRE ?
À TROIS ANS, ÇA COMMENCE À ÊTRE PROBLÉMATIQUE.
FOUS-LUI LA PAIX !

IL EST UN PEU NUL, NON ? TOI, À TON ÂGE, TU SAVAIS DÉJÀ ÉCRIRE TON NOM !
N'ÉCOUTE PAS, MON CHÉRI !
C'EST NORMAL QU'IL CRIE COMME ÇA TOUT LE TEMPS, QUAND IL JOUE ?
ON DIRAIT QU'IL EST UN PEU RETARDÉ...
HA HA !
BOUM !
FIOUUUUU !
BRRR
HI HI HI
BEN... C'EST UN ENFANT EXPRESSIF !
EH BEN, ELLE A DES BONNES GROSSES JOUES DE HAMSTER VOTRE FILLE !
J'ESPÈRE QU'ELLE VA S'AFFINER EN GRANDISSANT !
METS-LA DEVANT LA TÉLÉ POUR QU'ELLE APPRENNE À PARLER.
AH NON !
CLIC
TON ENFANT N'EST PAS HYPERACTIF, IL EST JUSTE MAL ÉLEVÉ.
MERCI POUR TON SOUTIEN !
LAISSE-LES MOI UNE SEMAINE À LA MAISON, TU VAS VOIR, JE VAIS LES DRESSER CES PETITES CANAILLES !
COMMENT ÇA, LES « DRESSER » ?
MAMAN ! MAMAN
MAMAN !

OH LA LA, IL Y EN A QUI Y VONT DE BON CŒUR AVEC LEURS REMARQUES CULPABILISANTES !
OUI, ZÉRO FILTRE !
OH, DES GLACES !!
DIS, TU NE CROIS PAS, QUAND MÊME, QUE QUAND TU AS UN REGARD EXTÉRIEUR, TU PEUX VOIR DES CHOSES QUE LES PARENTS N'ONT PAS IDENTIFIÉES ?
COMME UN RETARD DE DÉVELOP-PEMENT ?
UNE FRAISE, UNE CITRON, UNE CHOCOLAT...
DES FOIS, MÊME SI ÇA PREND LA FORME D'UNE INJONCTION, ÇA PEUT ÊTRE UNE REMARQUE UTILE !
NON ?
MOUI... BON, C'EST POSSIBLE...
MAIS VRAIMENT DANS UNE MINORITÉ DES CAS...
DE MANIÈRE GÉNÉRALE, IL FAUT VRAIMENT FAIRE PLUS CONFIANCE AUX PARENTS !
ÊTRE BIENVEILLANT ET ARRÊTER DE LES JUGER.
TU AS RAISON DANS LE SENS OÙ IL FAUT ÊTRE ATTENTIFS LES UNS AUX AUTRES EN SOCIÉTÉ...
POUR REPÉRER D'ÉVENTUELLES MALTRAITANCES ENVERS LES ENFANTS PAR EXEMPLE, OU SI DES FAMILLES ONT BESOIN D'AIDE...
OK...
DONC, BIENVEILLANCE ET ENTRAIDE...
C'EST LA CLEF !

MAIS D'AILLEURS, LA BIENVEILLANCE, LE RESPECT DE L'ENFANT, L'ÉCOUTE...
TOUT ÇA, CE SONT JUSTEMENT LES PRÉCEPTES DE L'ÉDUCATION POSITIVE, NON ?
EN EFFET !
LA FAMEUSE PARENTALITÉ POSITIVE QUI FAIT PEUR À TOUT LE MONDE !
ALORS QUE, COMME TU LE DIS, IL S'AGIT PRINCIPALEMENT D'ÊTRE À L'ÉCOUTE DE NOS ENFANTS.
ET DE LES RESPECTER COMME DES INDIVIDUS.
C'EST SÛR QUE ÇA COMPLIQUE LA TÂCHE DES NOUVEAUX PARENTS DE DONNER PLUS DE PLACE TOUT EN OFFRANT UN CADRE ET DES LIMITES CLAIRES ET SÉCURISANTES...
OUI
MAIS ÇA DÉCHAÎNE LES PASSIONS DE MANIÈRE EXAGÉRÉE !
JE LIS QUE LES CONSÉQUENCES DE L'ÉDUCATION POSITIVE SERAIENT : LE NARCISSISME, LA TOUTE-PUISSANCE, L'INTOLÉRANCE À LA FRUSTRATION ET DES PATHOLOGIES PSYCHIATRIQUES...
TOUT CE QUI TERRORISE LA GÉNÉRATION DE NOS PARENTS !
EXACTEMENT !
C'EST VRAIMENT LE CŒUR DU SUJET DE NOTRE LIVRE, ÇA !

Les enfants sont les citoyens et les adultes de demain. Garants de notre avenir commun, nous avons tout intérêt à ce que leur génération soit opérationnelle. Dès lors, tout le monde participe à leur éducation : même si ce ne sont pas nos enfants, c'est aussi de notre futur dont il s'agit. Cette implication peut cependant dépasser les limites du collectif.

L'intérêt supérieur de l'enfant, c'est aussi une bonne excuse pour imposer discrètement ses propres convictions aux parents. Objectivement, le lieu de garde de l'enfant (à la maison, chez une assistante maternelle, à la crèche), ou son mode de déplacement (poussette ou écharpe) n'auront aucun impact sur sa capacité à sauver le monde de demain.

Par exemple, quand ils disent :

« Si tu veux que ton enfant apprenne à marcher, tu dois lui mettre des chaussures rigides qui tiennent bien la cheville ! »

Ce qu'on entend : « Ton enfant boitera toute sa vie ! J'espère pour lui qu'il ne rêve pas de devenir marathonien. »
Ce qu'ils veulent dire : « Je m'en fiche que les recommandations actuelles préconisent des chaussures souples, ou même d'être pieds nus. C'est totalement illogique comme raisonnement. Tes plants de tomates, tu leur mets bien un tuteur pour les maintenir droits ! En plus, le pauvre chaton, il va se blesser en trottant sur le gravier. »

« Votre enfant n'est pas hyperactif, il est juste mal éduqué. Avec moi, il aurait filé doux, je vous le garantis. »

Ce qu'on entend : « Comment peut-on faire un enfant quand on manque autant d'autorité ? »
Ce qu'ils veulent dire : « Quand on était petits, les troubles du développement et les handicaps invisibles n'existaient pas. Si un enfant était turbulent, on le disciplinait fissa et il finissait toujours par rentrer dans le rang. C'est certainement pour ça que les adultes de ma génération sont aussi respectueux. Sauf ma belle-sœur, elle, c'est une sacrée radine. Et mon garagiste, un bel escroc ! »

« En France, on donne une grande importance au bien-être de l'enfant. Si vous répondez à ses besoins avec tendresse, vous allez développer une relation de confiance avec lui. C'est crucial pour son équilibre affectif ! »

Ce qu'on entend : « Toi sauvage brutale pas savoir élever enfant comme nous peuple évolué. »
Ce qu'ils veulent dire : « Ah ! Ces parents du monde entier ! Que feraient-ils sans moi ? Heureusement que je suis là pour vulgariser ces notions complexes. Peut-être que je pourrais écrire un livre à ce sujet ? »

« Tu devrais toujours appeler ton enfant par son prénom, en le surnommant Doudou ou Mon amour, tu nies son identité propre, en fait. C'est ultra-violent quand on y pense. »

Ce qu'on entend : « Mets de l'argent de côté, parce qu'avec les litres de niaiseries dont tu inondes ce pauvre gosse, ça va te coûter cher en thérapie. »
Ce qu'ils veulent dire : « Au début, j'avais seulement envie de garantir un cadre respectueux et sécurisé à mes enfants. Je n'avais jamais été mère avant, c'était normal que je tâtonne, mais chaque faux pas me valait les railleries de mon entourage. Je suis allée chercher du soutien et des réponses ailleurs, et j'en ai trouvé auprès du pan dogmatique de la parentalité bienveillante. On a appris à se débrouiller seuls, sans professionnels légitimes pour corroborer nos propos. »

« Quoi, le bébé aura seulement 2 mois et demi quand il va entrer à la crèche ? Mais c'est légal ? »

Ce qu'on entend : « Dis-le tout de suite que tu veux te débarrasser du bébé. »
Ce qu'ils veulent dire : « Contrairement à toi, je vis dans un monde idéal. Des congés parentaux correctement indemnisés permettent aux parents qui le souhaitent de rester plusieurs mois auprès de leurs enfants. Dans ce monde parfait, toutes les options sont également disponibles : assistantes maternelles, MAM (Maison d'assistantes maternelles), crèche, crèche parentale, garderie à temps plein ou à temps partiel... Et c'est gratuit ! »

Comment s'affranchir de l'avis des autres ?

Les avis et les conseils non sollicités sont comme les virus hivernaux en collectivité : on ne peut pas leur échapper, mais on peut booster son système immunitaire pour limiter leur impact.

« Je ne comprendrai jamais les parents qui se prennent la tête sur des conneries ! » : des parents différents, des parentalités plurielles

Journaliste et autrice, Renée Greusard a publié *Enceinte, tout est possible*[19] et *Choisir d'être mère, tout ce qu'on ne vous a pas dit sur la parentalité*[20], deux ouvrages qui abordent les injonctions et les tabous autour de la grossesse et de la maternité. Dans *Choisir d'être mère*, elle dénonce l'incohérence d'un idéal parental standardisé : « La maternité, c'est un pays dans lequel nous arrivons chargées de ce que nous sommes. De notre enfance. De nos parents. De nos peines. De nos joies. De nos traumatismes. De nos rigidités. De nos souplesses. De nos tempéraments. »

Elle cite la psychanalyste Cécile Masmonteuil, spécialiste de la maternité : « Nous sommes tous différents. Pourquoi, au moment de la maternité, y aurait-il un standard évident ? »

Nous avons contacté l'autrice pour lui demander ce qu'elle conseillerait aux parents, et notamment aux mères, victimes de la pression ambiante :

« Pour se détacher des injonctions, je pense qu'il faut bien se connaître soi-même et être au clair avec ses choix. C'est plus facile quand on est bien renseignés de manière générale, car le savoir, c'est le pouvoir. Il faut comprendre aussi que les gens parlent d'eux-mêmes et pas de nous. C'est la bonne conjugaison pour se préserver. »

Tout est une question d'équilibre :

« Je trouve que cette phrase du Docteur Bertrand Lebeau Leibovici est très juste : il faut être à égale distance du fantasme et de la diabolisation. »

Catherine Salinier est pédiatre. Ancienne présidente de l'Association française de pédiatrie ambulatoire (AFPA), elle intervient également sur Mpedia, une plateforme destinée aux pédiatres et aux familles[21].

---

19 . R. Greusard, *Enceinte, tout est possible*, Paris, Marabout, 2018.
20 . R. Greusard, *Choisir d'être mère*, Paris, Points, 2024.
21 . mpedia.fr

Elle l'observe à son tour :

« Il faut réaliser qu'aucun choix n'est parfait, mais il ne faut pas confondre facteurs de risques et cause à effet. » Pour elle, si on peut écouter tous les conseils que l'on reçoit, il faut les passer au crible de sa propre perception. L'enfant, il est l'enfant de ses parents.

« Avant, j'avais des principes, maintenant, j'ai des enfants ! » : l'enfant aura le dernier mot

L'enfant n'est pas que l'enfant de ses parents, l'enfant est aussi son propre maître. Les certitudes des adultes ne valent rien contre le tempérament et les besoins d'un tout-petit. Comme leurs parents, les enfants naissent tous différents. Les choix éducatifs ne vont pas modeler la personnalité d'un bébé, ils vont devoir s'adapter à celle qui existe déjà.

On répond quoi aux commentaires désobligeants ?

« Il faut arrêter avec la mode des étiquettes, vos enfants sont juste mal élevés ! » : « C'est moi qui vais t'éduquer. Pour ton information, en France, environ 5,8 % des enfants de 5 à 14 ans sont en situation de handicap, et 9 % des d'adultes (de 15 à 59 ans). Dans 80 % des cas, le handicap est invisible[22]. Ce n'est pas moi qui invente, même le gouvernement a lancé depuis 2018 une stratégie nationale autisme et troubles du développement (troubles dys, TDA/H, TSA...). »

« Les parcs à barreaux, on dirait des cages à bébés » : « Oh mais oui, la bonne idée ! On va ouvrir le salon aux visiteurs. On fera payer l'entrée et avec les bénéfices, on financera ses études de droit ou de médecine ! »

« Ah ! Ah ! J'ai eu la flemme de faire des cookies, je leur ai filé des Pépito, je suis une mère en carton » : « Si toi, tu es une mère en carton, on est toutes des mères en carton. Et si on érigeait plutôt notre modèle en standard de "mères qui assurent telles qu'elles sont" ? »

« Y a que vous les meufs pour vous embrouiller pour des tétines et de la purée. Détendez-vous ! » : « En même temps, y a que nous les meufs pour préparer les purées. »

22. Ministère de l'Agriculture, « Chiffres clés sur le handicap », juin 2024.

La parentalité positive et ses dérives dogmatiques

Certains désaccords sont intemporels, d'autres représentent leur époque. Comme l'éducation positive, cet objet de discorde majeur dans la sphère parentale contemporaine. Ce mouvement, hérité de la psychologie positive, promeut une éducation basée sur la communication non violente, la validation des émotions de l'enfant et le renforcement positif. Elle garantit un climat familial joyeux, tendre, autonomisant et sécurisé. En un mot : épanouissant.

L'éducation bienveillante, ou positive, s'est largement démocratisée au cours des vingt dernières années, profitant de la popularité croissante de concepts éducatifs « positifs » comme la théorie de l'attachement du psychiatre John Bowlby. Cette théorie, développée dès les années 1970, constate que : « la sensibilité avec laquelle l'adulte répond aux besoins exprimés par l'enfant conditionne la sécurité de l'attachement de ce dernier[23] ».

Depuis 2006, le conseil de l'Europe préconise la parentalité bienveillante comme méthode de référence. Cette éducation non violente se base sur plusieurs principes : l'absence de brimades ou de châtiments corporels, le respect des besoins matériels et affectifs, la sécurité physique et émotionnelle et l'enfant considéré en tant qu'individu. Ces principes sont suffisamment généralistes pour que chaque famille puisse les adapter à sa façon.

Malheureusement, ce « flou artistique » provoque malentendus et erreurs d'interprétation. Dans une société française ultra-hiérarchisée qui envisage ses rapports sous le prisme de la force, la parentalité positive est accusée de refuser le moindre cadre. Si l'enfant n'est plus dominé, il devient dominant et le parent, lui, se transforme en esclave.

« Éducation permissive ou autoritaire, choisissez votre camp » : la caricature médiatique

« L'éducation positive, nouveau dogme parental[24] », « J'ai élevé mon fils avec la parentalité positive et je culpabilise de ce qu'il impose aux autres[25] », « Aujourd'hui, les

23. R. Dugravier, A.-S. Barbey-Mintz, « Origines et concepts de la théorie de l'attachement », revue *Enfances & Psy*, 2015.
24. S. Faure, « L'éducation positive, nouveau dogme parental », Libération, 31 mai 2015.
25. « J'ai élevé mon fils avec la parentalité positive et je culpabilise de ce qu'il impose aux autres », *Le Huffington Post*, 10 février 2024.

parents se font martyriser par leurs enfants[26] », « Éducation positive : dialogue, refus de toute sanction… ces parents sont-ils trop bienveillants[27] ? »

Ces titres entretiennent l'idée d'une nouvelle tendance « nocive » et d'une polarisation éducative entre les parents qui permettent tout… et ceux qui maltraitent. Et comme souvent, le parent est présenté comme ignorant et toujours prêt à faire n'importe quoi. L'éducation positive est alors perçue comme une lubie.

Cette vision simpliste ignore la réalité de la pression à performer qui pèse sur les parents contemporains et le manque d'accompagnement bienveillant des familles. Cette perception favorise aussi les malentendus et les erreurs d'interprétation. Elle place ainsi au même niveau des principes raisonnables (= les violences verbales et physiques sont délétères pour le développement de l'enfant) et des interprétations dogmatiques (= le non est une violence).

Dénuée de contexte, cette vision clivante profite aux dérives. La méconnaissance ambiante offre aux moins scrupuleux une occasion rêvée de propager des préceptes absurdes et dénués de fondement scientifique.

« Quoi ? Tu le forces à se laver les dents ? » : l'éducation ultra-permissive

Les parents ont beau questionner le modèle éducatif passé, l'éducation positive telle que présentée aujourd'hui provoque des sentiments ambivalents. Sur le papier, la recette paraît simple, et le résultat alléchant. Dans la vraie vie, malgré nos explications compréhensives, notre respect des émotions, et la réaffirmation de notre amour inconditionnel, le petit humain continue de jeter du sable sur les copains du parc. Les autres parents s'en mêlent, la famille est cataloguée et l'enfant est toujours en tempête émotionnelle.

Ce genre d'échec exacerbe un sentiment de culpabilité déjà bien ancré. Dans les sphères ultras bienveillantes, on considère que l'enfant ne fait pas de crises, mais qu'il exprime des besoins. Le laisser pleurer ou le sanctionner, ce serait déjà une forme de maltraitance.

Mais de quel enfant parle-t-on ? Quel âge a-t-il ? D'où vient-il ? Un nourrisson de quelques jours n'est pas comparable à un enfant de 2 ans… La parentalité non violente devrait respecter les besoins de chacun, sans règles strictes, mais avec bienveillance.

26. J. Falcoz, « Caroline Goldman et les dérives de l'éducation positive : "Aujourd'hui, les parents se font martyriser par leurs enfants" », *Madame Figaro*, 25 janvier 2023.
27. B. Lepetit, « Éducation positive : dialogue, refus de toute sanction… ces parents sont-ils trop bienveillants ? », *Le Parisien*, 27 octobre 2022.

la REPRISE de la ViE SOCiALE

Ça y est ! Le congé maternité est terminé ! Le partenaire est déjà retourné travailler depuis un mois ou deux, et c'est maintenant au tour de la mère de retrouver sa vie normale.

Et là, c'est le drame. La femme qui revient est très différente de celle qui est partie, et franchement, elle ne fait pas rêver. Son physique ne correspond plus aux standards habituels et le tailleur peine à dissimuler un corps qui se remet encore de la grossesse. Elle réprime ses bâillements et elle répond à côté de la plaque à des collègues ou à des amis qui ne comprennent pas qu'elle se soit autant laissée aller, malgré trois mois de congé pour se retaper.

Nous aussi, on se pose la question. Comment peut-on être à ce point à la ramasse ? Un petit tour sur les réseaux sociaux confirme nos doutes : sur Instagram, des mères ultrafraîches qui jonglent entre rendez-vous pros, virées entre copines et sessions câlins illustrent avec glamour l'adage « quand on veut, on peut » (tout mener de front).

Serions-nous devenues ce cliché de mère mal fagotée et obnubilée par son enfant ? On avait pourtant juré qu'on serait toujours cette copine loyale et cette professionnelle efficace. Mais à quelques mois de vie, le bébé ne fait pas ses nuits et tombe malade toutes les semaines. On doit régulièrement tout laisser en plan pour se précipiter au chevet du bambin fiévreux, peu importe que l'on soit au milieu d'une réunion ou d'un déjeuner entre amis.

Comme on a choisi d'avoir cet enfant, on devrait encaisser sans broncher les petites humiliations, les critiques et la condescendance. Sérieusement ? C'est normal d'attendre d'une mère qui a des petits enfants qu'elle soit aussi performante et disponible qu'avant ? C'est normal de faire la guerre à un corps qui vient tout juste de fabriquer un être humain ?!

15:10
Birthday partaaayyy !
DIM. 14 AVR.
ALLEZ, LES FILLES, ON VA DANSER POUR MON ANNIV !! C'EST BON, ON LAISSE LES ENFANTS ET ON VA SE LÂCHER UN PEU !
QUI EST PARTANTE ?
CHLOÉ EUH ALORS MOI, OUI, MAIS PAS PLUS TARD QUE 22H...
SARAH MOI, JE NE PEUX PAS, MON MEC EST EN DÉPLACEMENT, DÉSOLÉE !!
HÉLÈNE UN VENDREDI SOIR ?
C'EST TENDU, NON ? MOI JE SUIS MORTE APRÈS LE BOULOT.
LUCIE MOI, MOI, MOI ! ON PRENDRA DES SHOTS !
JULIE MOI, J'AI BIEN BESOIN D'UNE SOIRÉE FILLES LÀ... COMPTEZ SUR MOI !
CLUB DISCO
COUCOU LES FILLES, TROP CONTENTE DE VOUS VOIR !!
SALUT !
ALORS, QUOI DE NEUF, JULIE ?
VESTI
JE VIENS DE REPRENDRE LE TAFF APRÈS MON CONGÉ MAT'...
ALORS, COMMENT ÇA SE PASSE ?
BEN... JE ME SUIS FAIT VIRER...
QUOI ?! MAIS QU'EST-CE QUI S'EST PASSÉ ?
LOVE
UNE COUPE DE BUDGET SI J'AI BIEN COMPRIS...
MAIS, C'EST LÉGAL, ÇA ?
JE SAIS PAS... MAIS QUELLE ATTITUDE DE MERDE, ATTENDRE LE MOMENT OÙ TU ES LA PLUS VULNÉRABLE POUR TE DÉGAGER !!

JE N'AI MÊME PAS L'ÉNERGIE DE ME BATTRE... J'AI UN BÉBÉ DE 3 MOIS !
PFF, MAIS QUELS ENFOIRÉS !
MOI, J'ÉTAIS REVENUE DEPUIS SEULEMENT DEUX JOURS, QUAND MA BOSS M'A ANNONCÉ QU'ELLE ME METTAIT EN CONCURRENCE AVEC CELLE QUI ME REMPLAÇAIT !
ALLEZ, VOILÀ DE QUOI SE CHANGER LES IDÉES LES FILLES !
MERCI CHLOÉ !
SNIF !
MAINTENANT QUE J'Y PENSE...
À MON ANCIEN TAFF, LES MECS METTAIENT LES RÉUNIONS IMPORTANTES À 17H POUR QUE JE NE PUISSE PAS Y ASSISTER.
C'EST DÉGEULASSE !
RÉSULTAT, J'AI LOUPÉ TOUS LES BONS PROJETS ET JE ME SUIS RETROUVÉE ASSISTANTE DE MON COLLÈGUE !!
ET LES COMMENTAIRES SUR NOS CORPS !
LES PLACARDS À BALAIS TRANSFORMÉS EN SALLE POUR TIRER SON LAIT.
LES « OUBLIS » DE PROMOTION PENDANT LE CONGÉ MAT'.
LES « ALORS, TU T'ES BIEN REPOSÉE PENDANT TON CONGÉ ?».
C'EST DU SABOTAGE DE CARRIÈRE DE JEUNES MAMANS !
ET Y A PAS QU'AU TRAVAIL ! IL FAUT DIRECT ÊTRE PERFORMANTE, REPRENDRE LE SEXE, LE SPORT, LES TRAVAUX DE LA MAISON, ÊTRE DISPO POUR SA FAMILLE, SES AMIS, ETC.
C'EST MISSION IMPOSSIBLE CE TRUC !
VIVE LA SOCIÉTÉ DE LA PERFORMANCE !

ALLEZ, BALANCEZ-MOI LA LISTE DES INJONCTIONS, QUE JE SACHE À QUOI M'ATTENDRE !
T'ES SÛRE ?
DIS DONC, VA FALLOIR FAIRE DU SPORT, T'AS MORFLÉ AVEC LA GROSSESSE !
MAIS, FERME-LA !
MA PAUVRE, TU AS L'AIR CREVÉE ! TU DEVRAIS LAISSER TON BÉBÉ À UNE NOUNOU ET TE REPOSER !
BÉBÉ... NOUNOU...
DORMIR...
ATTENDS, TU ABANDONNES DÉJÀ TON BÉBÉ POUR PARTIR EN VACANCES AVEC TES COPINES ?
SON PÈRE !
ET QUI S'EN OCCUPE ?
MOI, J'AI EU QUATRE ENFANTS ET ÇA NE M'A PAS EMPÊCHÉE DE FAIRE UNE BELLE CARRIÈRE ET DE TRAVAILLER CINQ JOURS PAR SEMAINE !
IL SUFFIT DE BIEN S'ORGANISER !
EUH...

MA FEMME A RETROUVÉ SON VENTRE PLAT UN MOIS APRÈS L'ACCOUCHEMENT !
VRAIMENT, TOUT LE MONDE PEUT LE FAIRE !
FÉLICITATIONS...
WAOUH, MAIS TES SEINS SONT ÉNOOOOORMES ! C'EST TON MEC QUI DOIT ÊTRE CONTENT !
BOUGE DE LÀ, RÉMI...
ÇA ME FAIT PENSER QUE JE DOIS TIRER MON LAIT...
C'EST DOMMAGE TOUTES CES VERGETURES, LÀ, ON DIRAIT UN ZÈBRE !
ALORS, C'EST TON MARI QUI FAIT LE BABY-SITTEUR CE SOIR ? C'EST SYMPA, QUAND MÊME !!
BEN... EUH... CE SONT SES ENFANTS AUSSI !
TROP DE CHANCE !
ALORS, VOUS AVEZ REPRIS LE SEXE ?
BEN NON, ÇA NE FAIT QUE TROIS MOIS, JE NE ME SENS PAS...
MA CHÉRIE, NE LE FAIS PAS TROP ATTENDRE SI TU VEUX LE GARDER !
VOUS AVEZ ÉTÉ ABSENTE PENDANT CINQ MOIS...
IL FAUT VITE RATTRAPER TOUT CE QUE VOUS AVEZ MANQUÉ SI VOUS NE VOULEZ PAS PERDRE VOTRE POSTE !

* CHIFFRES DE L'INSEE, INSEE ANALYSES N°44, FÉVRIER 2019.

BOF, LE MORAL N'EST PAS AU BEAU FIXE LÀ...
OH OUI, MA PAUVRE, LE LICENCIEMENT ?
OUI ET ON PARLE AUSSI DE LA SITUATION DES MÈRES QUI REPRENNENT UNE VIE ACTIVE... DANS UNE SOCIÉTÉ PATRIARCALE !
FUCK THE PATRIARCHY!
ALLEZ, JE PAIE MA TOURNÉE DE SHOTS POUR VOUS REMONTER LE MORAL !
EUH... MOI JE NE VAIS PAS TROP TARDER, MES ENFANTS SE LÈVENT À 6H EN CE MOMENT !
OK, OK, PAS D'INJONCTION À BOIRE ET SE COUCHER TARD... MAIS MOI JE N'AI PAS D'ENFANT, JE BOSSE 43 HEURES PAR SEMAINE ET JE NE VOIS JAMAIS MES COPINES MAMANS...
ALORS CE SOIR, JE VEUX EN PROFITER !
ÇA VOUS DIT : ON LES EMMERDE ET ON PASSE UNE BONNE SOIRÉE ENSEMBLE ?
JUSQU'À 22H15 !!!
OUiii !
ET DEMAIN, ON SE FAIT UN BRAINSTORMING POUR VOIR COMMENT ON PEUT CHANGER TOUT ÇA... GIRL POWER !
ENSEMBLE ON EST PLUS FORTES !
YEAH !

Cela fait plus de cinquante ans que les femmes maîtrisent leur fécondité et peuvent, en théorie, briguer la carrière professionnelle de leur choix. On considère ces privilèges comme des acquis. À la condition que les parents se débrouillent pour gérer à la fois leurs enfants et leur vie d'adulte, sans léser le cercle social et l'entourage professionnel : les parents « doivent travailler comme s'ils n'avaient pas d'enfants, et élever des enfants comme s'ils ne travaillaient pas[28] ». Dès lors, tout va bien.

Par exemple, quand ils disent :

« Tu veux prendre des jours cet été ? Mais tu reviens à peine de congé maternité. »

Ce qu'on entend : « Quelle fainéante, on n'aurait jamais dû t'embaucher ! »
Ce qu'ils veulent dire : « Tu vois, je n'ai jamais pris de congé maternité de ma vie, moi. Tout ce que je sais c'est que tu viens de passer trois mois chez toi, et que ta seule mission, c'était de t'occuper d'une créature pas plus grosse qu'un poulet. Alors pardonne-moi si je fais des raccourcis. »

« On ne t'a pas invitée, on était sûrs que tu dirais non »

Ce qu'on entend : « T'as vu ta tronche ? Et tes sujets de conversation ? On se serait ennuyés avec toi. »
Ce qu'ils veulent dire : « Je t'ai envoyé un message il y a une semaine et tu m'as laissé en vu. Clairement, tu n'as plus de place pour nous dans ta vie. On comprend très bien et on est super heureux pour toi, mais on ne va pas te courir après non plus. Si tu as envie qu'on continue de t'inclure, il va falloir y mettre du tien. Ou en tout cas, nous prévenir de ce que tu traverses sans nous tenir à distance. »

28. A. Peymirat, *Le Syndrome du Wonderparent : travailler comme si on n'avait pas d'enfants et élever nos enfants comme si on n'avait pas de travail*, Paris, Payot, 2023.

« T'es vraiment cool pour une mère ! »

Ce qu'on entend : « Alors, par pitié, ne viens pas nous saouler avec tes problèmes de sommeil et de couches qui puent. »
Ce qu'ils veulent dire : « On ne va pas te mentir, tu n'as pas bonne réputation. Dans la pop culture, tu es montrée psychorigide, surmenée ou immature et quand tu es parfaite, tu files des complexes à tout le monde. Dans la sphère professionnelle, personne ne peut poser de congés en août à cause de filles comme toi, et c'est nous que le superviseur contacte le week-end. »

« Prends du temps pour toi ! Va au sauna, inscris-toi au yoga ! »

Ce qu'on entend : « Et profites-en pour retrouver la ligne, parce que là, c'est pas possible. »
Ce qu'ils veulent dire : « Hey, j'aurais aussi pu te conseiller un coiffeur ou un gommage ! T'es une fille et j'ai intégré que les filles aimaient se détendre en s'adonnant à des activités de bien-être qui traduisent une volonté de prendre soin de soi et d'être présentable. N'oublie pas, vous êtes censées vivre pour plaire aux autres. »

« Mais ta femme ne peut pas y aller, récupérer les enfants ? »

Ce qu'on entend : « Les hommes, les vrais, ne s'abaissent pas à ce genre de tâches ingrates. Souviens-toi quel sort on leur réserve aux gonzesses, hein, mon vieux. Tu as vraiment envie de subir le même ? »
Ce qu'ils veulent dire : « Déconne pas mec, on s'était tous mis d'accord. On leur refile les gosses pendant qu'on dirige le monde. Elles se rebellent, mais pour le moment, on domine largement, il n'y a aucune raison de capituler comme ça. »

Comment tout mener de front sans s'épuiser ? (*Spoiler :* en arrêtant d'essayer)

Même si beaucoup de femmes reprennent volontiers le travail après le congé maternité et sont ravies de s'aérer la tête avec des proches, les mères n'ont pas très bonne réputation : elles peuvent vous planter sans préavis pour cause de gamin malade ou de nounou absente et elles sont obnubilées par leurs enfants.

Cette idée est tellement bien intégrée que les femmes enceintes elles-mêmes promettent souvent à leurs proches qu'elles ne deviendront pas comme ça. Elles continueront de sortir. Elles continueront de travailler à plein temps. Elles ne se transformeront pas en mamounes épuisées et gâteuses... Quitte à blesser celles qui sont déjà mères et qui constatent à quel point leurs galères sont méprisées.

« Les mères sont toutes pareilles ! » : rester disponible à tout prix

On a tous et toutes cru qu'on aurait le *swag* suffisant pour ne pas se métamorphoser en darons de base. On peut essayer très fort, mais c'est mathématique : les journées ne gagnent pas en longueur lorsqu'on devient parent, et les nombreux imprévus menacent le peu de temps destiné aux autres activités.

Les parents sont moins disponibles qu'avant. Surtout les mères, qui sont encore en première ligne pour les impondérables enfants malades, rendez-vous médicaux, réunions pédagogiques, sorties scolaires, éviction poux, etc.

Anne Peymirat est autrice. Dans son ouvrage, elle explique que les parents sont injustement tenus pour responsables de leurs difficultés : « Ce qui rend sa situation [du parent] encore plus intenable, c'est que tout va dans le sens du "c'est possible". [...] L'idéologie du développement personnel, de la réussite personnelle et professionnelle pousse à se dépasser et fait peser la totalité des difficultés rencontrées sur un manque de volonté ou de méthode de l'individu. Alors que le problème, on l'a vu, est aussi collectif et sociétal[29]. »

29. A. Peymirat, *ibid.*

« T'as fait un choix, tu l'assumes ! » : l'implication de l'entourage

Le rythme et les priorités du parent vont évoluer. Au lieu de pleurer la primipare perdue, on peut envisager une nouvelle configuration satisfaisante pour tout le monde. Réunions en journée, apéros en visio... les solutions organisationnelles ne manquent pas pour alléger le quotidien d'une mère de famille, sans pénaliser un entourage coopératif.

Si on veut y parvenir, il faut se mobiliser collectivement, partenaires inclus. Les pères, surtout, sont concernés par les expériences que vivent leur partenaire, même s'ils ne les partagent pas directement. Au lieu de constater avec impuissance que « la crèche contacte toujours la maman », le papa peut exiger qu'on le prévienne en premier en cas de problème.

Enfin, on doit accepter que les gens puissent être vulnérables et temporairement moins performants, sans que cela remette leur valeur en cause. L'arrivée d'un enfant est une période de grand bouleversement physique et psychique, on ne peut pas faire comme s'il ne s'était rien passé, ou pire : en faire une course à la « rémission ». Pour ça, on peut déjà apprendre à changer son propre regard sur le corps des autres.

On répond quoi aux commentaires désobligeants ?

« Comment tu peux être aussi fatiguée alors que tu reviens de congés ? » : « Si tu crois que j'exagère, tu peux venir garder le bébé ce soir, on cherchait justement un baby-sitter. »

« Vous nous snobez depuis que vous avez un enfant ! » : « Et vous, vous faites l'effort de vous demander pourquoi on est moins disponibles et pour nous proposer autre chose que des soirées qui ne commencent jamais avant 20 heures ? »

« T'as vu le ventre de Machine ? Va falloir qu'elle pense à faire quelque chose, ça fait quatre mois qu'il est sorti le môme ! » : « C'est vrai que toi, ta dernière bière remonte à hier soir donc tu peux te permettre d'avoir des poignées d'amour ! Blague à part, ne compte pas sur moi pour critiquer le corps des autres femmes. »

« La réunion est reportée à 19 heures, vous pouvez prévenir votre femme ? » « Malheureusement, ma femme est en déplacement professionnel pour les prochains mois. »

Les discriminations au retour du congé maternité

Dans le monde de l'entreprise, les femmes en âge de procréer provoquent toujours la méfiance. Elles sont victimes des stéréotypes sexistes et des conséquences avérées d'une organisation domestique injuste.

On les imagine volontiers dépassées, irrationnelles, distraites et désinvesties. Elles sont aussi considérées comme peu fiables. En France, la culture du présentéisme est très ancrée. On valorise encore le temps passé au travail, même s'il est interrompu par de nombreuses pauses. Les impératifs horaires et les imprévus rognent le temps sur place. Selon une étude mandatée par les pouvoirs publics en 2019, 59 % des mères prennent habituellement les jours de congé pour enfant malade, contre 25 % des pères. Et 7 femmes sur 10 ont modifié leur organisation de travail[30].

Autant de situations qui ne sont pas le fait des femmes, mais qui alimentent les clichés et justifient des comportements toxiques envers les mères.

« On ne peut pas compter sur les mères pour travailler ! » : les stéréotypes en entreprise

Thi Nhu An Pham est autrice et créatrice du Podcast *La reprise*. En 2023, elle a publié l'essai *La reprise, le tabou de la condition des femmes après le congé maternité*[31] qui dénonce le traitement réservé aux femmes qui reviennent de congé maternité.

Interrogée pour ce livre, elle liste les petites agressions que subissent beaucoup de salariées :

« Il y a beaucoup de petites phrases. Par exemple, lorsqu'une femme revient de congé et qu'on lui demande si "C'était bien ?" Sous-entendu : "C'était bien les vacances ?"... Il y a aussi les regards qui s'attardent sur le physique. On s'assure qu'elle a bien retrouvé sa ligne, qu'elle ne se néglige pas... »

Quand les femmes osent faire valoir leurs droits, on les accuse souvent d'être « irrationnelles » : par exemple, une salariée va voir son employeur pour dénoncer un management toxique et on lui répond que c'est elle qui est fragile à cause du baby blues. Les femmes ne peuvent même pas se défendre !

---

30. « Résultats d'une consultation menée auprès de près de 37 000 salariés par le Conseil supérieur de l'égalité entre les femmes et les hommes (CSEP) et l'Institut BVA », bva-xsight.com, 2018.
31. T. N. A. Pham, *La reprise, le tabou de la condition des femmes après le congé maternité*, Paris, Payot, 2023.

« Vous, au moins, vous n'êtes pas comme les autres ! » : faire mentir les clichés

Difficile de ne pas voir de punition dans ces phrases ou ces comportements. Les mères sont suspectées de trahir la sacro-sainte loyauté à leur employeur. Dans le monde du travail, un employé est corvéable à merci et ses contraintes privées ne doivent pas interférer dans son travail. Cette vision des choses témoigne du peu de flexibilité des entreprises et d'une méconnaissance totale des besoins des jeunes parents et surtout des jeunes mères.

Pour montrer leur fidélité, et garder leur place, ce sont à elles de s'adapter et de faire preuve de bonne volonté. Or, la reprise de la vie active après l'arrivée d'un enfant implique de nombreux bouleversements. Plutôt que de les nier, on aurait intérêt à les prendre en compte.

« Il faut que les gens conscientisent que la reprise est une période de transition. [...] Les pères et les mères doivent réinventer un nouveau rythme. En revanche, ce n'est pas parce qu'on a plus de contraintes qu'on est moins impliqué dans son travail, moins efficace ou moins productif. Au contraire, les contraintes démultiplient l'efficacité. Au moment de devenir parents, on développe des capacités organisationnelles, de gestion de projet, de gestion de crises et ces trésors-là permettent d'être par nature plus performants[32]. » (Thi Nhu An Pham)

Conclusion

Il existe des lois qui protègent les salariées en cas de discriminations, mais comment faire pour se défendre des clichés et des petites agressions du quotidien ?

D'abord, il faut privilégier les échanges par écrit et tout noter. On peut également consulter les ressources disponibles dans la littérature actuelle et se faire accompagner.

Enfin, celles et ceux qui ne sont pas (encore) victimes des injonctions ont également un rôle à jouer. Si notre employeur est capable de malmener injustement une salariée, notre heure viendra sûrement. Se féliciter de ne pas être pris pour cible quitte à se rallier à l'agresseur, c'est se retrouver isolé en cas de conflit et n'avoir personne pour nous défendre. C'est aussi devenir ce collègue que tout le monde déteste.

---

32. T. N. A. Pham, *ibid.*

la RÉCONCILIATION

Au fil des chapitres, nous avons constaté à quel point les commentaires déplacés des proches, des collègues, du corps médical… pouvaient empoisonner le quotidien des parents.

Il serait certainement plus simple de se terrer chez soi pour se protéger des agressions de l'extérieur, mais nous autres parents restons des êtres sociaux, avec un fort besoin de contact et de soutien.

Sommes-nous alors condamnés à choisir entre l'isolement et le pugilat ? Nous espérons vous avoir prouvé que non, et vous avoir montré, au contraire, qu'il existe des façons de bien se disputer… et surtout, de bien se réconcilier.

Faire la paix ne signifie pas toujours obtenir gain de cause, ni imposer ses convictions. Cette réconciliation permet en revanche de cohabiter au quotidien, et même de profiter de la compagnie de celles et ceux que l'on aime, qu'on soit d'accord ou non !

Finalement, les proches, c'est comme les enfants : parfois on rêve de les planter sur place pour s'enfuir à l'autre bout de la planète… mais que l'existence serait morne sans eux !

MAMAN C'EST LA PLUS BELLE
PRENEZ SOIN DE VOUS -15% CRÈMES DE JOUR
FÊTE DES MAMANS
-10% FÊTE DES MÈRES
SOYEZ LA PLUS BELLE DES MAMANS
ÉPILATION DU MAILLOT OFFERTE !
PROMOTION FÊTE DES MÈRES
LIQUIDE VAISSELLE
2 POUR LE PRIX D'UN !
MAMAN EST LA PLUS HEUREUSE AVEC SON AUTOCUISEUR !
NEW
FÊTE DES MÈRES
PRENEZ SOIN DE VOUS !
-10% CRÈME DE JOUR
LOL
OH LA LA, MAIS LÂCHEZ-NOUS LA GRAPPE, UN PEU !
RAAAH, MA TANTE ME SAOULE !
REGARDE !
SYMPA…
TATA J'AI ACHETÉ DES CHAUSSURES À SENNA, COMME TU AVAIS ENCORE OUBLIÉ… LA PAUVRE ÉTAIT QUASI PIEDS NUS SOUS LA PLUIE !
BON ALORS, ON FAIT QUOI DE TOUTES CES INJONCTIONS, LÀ ?
PFFF

LA SOCIÉTÉ QUI NOUS IMPOSE UN MODÈLE DE MÈRES...
MAMA
L'AGACEMENT ENVERS LA FAMILLE...
LES AMIS QUI NE COMPRENNENT PAS CE QU'ON VIT...
BELLE FÊTE
TU CROIS QUE C'EST POSSIBLE DE SE RÉCONCILIER, CHLOÉ ?
15% de
BEN, ÇA DÉPEND AVEC QUI ?
POUR CE QUI EST DE L'OPINION PUBLIQUE, MOI JE DIS ON L'EM***DE, NON ?
SINON, ON FINIT PAR VIVRE DANS LA TERREUR DE SES JUGEMENTS ET INJONCTIONS CONTRADICTOIRES.
PLUS FACILE À DIRE QU'À FAIRE, MAIS JE TE SUIS !
POUR LES AMIS ET LES PROCHES, DES FOIS, UN PETIT MOT SUFFIT POUR FAIRE COMPRENDRE QUE LA REMARQUE N'ÉTAIT PAS LA BIENVENUE...
MAIS PARFOIS, C'EST PLUS SIMPLE DE LES IGNORER PLUTÔT QUE DE DÉCLENCHER DES TEMPÊTES...
KISS

ET PUIS, D'ABORD, IL FAUDRAIT QU'ON AIT ENVIE DE SE RÉCONCILIER... SORTIR DE SA BULLE, C'EST SE METTRE EN DANGER, NON ?
OUI, IL FAUT VOIR SI ÇA VAUT LE COUP !
EST-CE QU'ON EST PRÊT À ACCEPTER S'IL Y A UN REJET OU UN ÉCHEC ?
EST-CE QU'ON A LES ÉPAULES ET LA SANTÉ MENTALE POUR ÇA ?
OH LA LA, ALLONS NOUS METTRE À L'ABRI !
OUF !
CAFÉ
UN CAFÉ ET UN CHOCOLAT CHAUD, S'IL VOUS PLAÎT !
POUR EN REVENIR À CE QU'ON DISAIT, L'ARRIVÉE D'UN ENFANT DANS LA FAMILLE NE CHANGE PAS TOUT MALHEUREUSEMENT...
MÊME S'IL ARRIVE QUE ÇA DÉBLOQUE DES CHOSES, LES GENS NE LÂCHENT PAS LEUR BAGAGE POUR AUTANT ET IL FAUT SE PRÉSERVER, SOI, SON ENFANT, SON COUPLE...

C'EST DÉJÀ UN ÉQUILIBRE TELLEMENT FRAGILE ! ET PUIS, ON PEUT SE CHOISIR UNE FAMILLE DE CŒUR AVEC DES VOISINS, DES AMIS, DES COLLÈGUES !
MERCI !
TU AS BIEN RAISON !
DES FOIS, ON EN ATTEND TROP D'UNE SEULE PERSONNE ET ON SURESTIME SES CAPACITÉS, CE QUI FAIT QUE L'ON EST TOUJOURS DÉÇU.
ALORS QU'EN MISANT SUR LES POINTS FORTS DE CHACUN, ON PEUT S'ENTOURER SELON SES BESOINS DU MOMENT ET FAIRE APPEL À LA PERSONNE ADÉQUATE !
COMME LÀ PAR EXEMPLE : J'AI JUSTE BESOIN D'UN BON CAFÉ !
IL Y A LE FRÈRE QUI SAIT ÉCOUTER SANS RIEN DIRE...
LE POTE QUI BITCHERA AVEC TOI PENDANT DES HEURES...
AH AH AH
LA BELLE-MÈRE, TOUJOURS DE BON CONSEIL...
SAVON DE MARSEILLE !
LA POTE D'ENFANCE QUI TE CONNAÎT MIEUX QUE PERSONNE...
CLASSIQUE QUENTIN... COMME EN 2005 !
LE PARTENAIRE QUI A TOUJOURS LES BONS MOTS...
TU ES LA PLUS MERVEILLEUSE !
LA VOISINE QUI A VÉCU LA MÊME SITUATION...
JE TE COMPRENDS TROP !
LA SŒUR QUI FAIT LES MEILLEURS COOKIES...
DE QUOI TE RÉCON-FORTER...
LA COLLÈGUE QUI A LE MÉRITE D'ÊTRE LÀ TOUS LES JOURS POUR T'ÉCOUTER TE PLAINDRE...
OH... ENCORE ?
AH ! AH ! COMME DIT LE DICTON : « IL FAUT UN VILLAGE POUR SOUTENIR UN PARENT ! »
ET SI VOUS SOUHAITEZ VOUS LANCER DANS LA RÉCONCILIATION, ON VOUS DONNE QUELQUES CONSEILS...

Faire la paix avec...

... ses parents

Même si nous sommes désormais responsables d'un autre être humain, nos parents ont souvent du mal à comprendre que nous sommes devenus des adultes matures.

Il serait temps d'arrêter de nous traiter comme des adolescents, même si nous soupirons toujours dès que nos darons ouvrent la bouche pour dispenser leurs recommandations périmées depuis le siècle dernier.

Mais au fond, ces interventions sont-elles si ringardes ? On l'ignore... puisqu'on ne les a jamais vraiment écoutées.

Commençons par accorder le bénéfice du doute à nos aînés en les laissant finir leurs phrases avant de juger de leur pertinence. On peut aussi leur demander ce qui les pousse à penser ainsi :

« Tu faisais comme ça, toi ? Ça fonctionnait ? Et c'était comment à ton époque ? Pourquoi ? »

Comprendre l'origine des désaccords familiaux ne les résoudra pas, mais nous permettra de montrer à nos parents qu'on respecte leur opinion, même si on ne la partage pas. Grâce à cette attitude, ils ne pourront que nous prendre au sérieux. Sinon, ce n'est pas grave. Comme l'ont rappelé les grands-mères interrogées pour ce livre :

« Même devenus grands, vous resterez toujours nos bébés. »

... ses amis sans enfants

On a passé des nuits à discuter, on a voyagé, on s'est soutenus dans les moments les plus sombres de notre existence. Et puis, un jour, l'enfant naît et le lien se rompt sans que ni les parents ni leurs amis n'aient pu éclaircir la situation.

Combien de paires d'amis sont sacrifiées chaque année sur l'autel du malentendu ? Beaucoup trop. Il aurait pourtant suffi de quelques ajustements et d'un peu de patience pour préserver la relation.

Par crainte de se perdre et de se blesser, on se fait croire mutuellement que les rapports resteront les mêmes. Ayons conscience que tout va changer, mais qu'on peut construire ensemble un nouveau paradigme.

On ne peut pas attendre de l'autre qu'il fournisse à lui seul les efforts pour maintenir le lien. Être parent ne dispense pas de s'impliquer dans la vie de ses proches célibataires. Ne pas avoir d'enfant n'empêche pas de tolérer ceux de ses amis, ni d'écouter une copine se plaindre de son post-partum.

On peut s'aimer sans toujours se comprendre ni rencontrer les mêmes défis. Le principal, c'est de communiquer ses attentes et de trouver des compromis pour développer une nouvelle relation – différente, mais tout aussi épanouissante. Rendez-vous en visio, messages réguliers pour se donner des signes de vie, virées l'après-midi plutôt que le soir... les idées ne manquent pas, tant que tout le monde y met du sien et communique clairement ses attentes et ses limites.

... l'entreprise et les collègues

Le monde de l'entreprise ne contribue pas à la bonne entente entre collègues. À cause des parents, les autres ne peuvent pas partir l'été et doivent se coltiner toutes les réunions après 19 heures. On pourrait bien sûr envisager un monde du travail sans heures supplémentaires imposées à qui que ce soit. On pourrait aussi mettre en place une organisation plus égalitaire... mais c'est plus simple de laisser les gens s'écharper entre eux.

Les pères, mais surtout les mères, ne débarquent pas toujours en terrain conquis. Ils peuvent être tentés de prouver leur motivation par tous les moyens, au risque de griller en chemin. Pour se réconcilier en entreprise, on ne doit plus se considérer les uns les autres comme des menaces ou des nuisances. En équipe ou en binôme, on peut imaginer un nouveau fonctionnement, qui valorise les compétences de tout le monde plutôt que de les opposer.

... les autres parents

Les parents ont intérêt à se déplacer en meute pour se défendre contre le reste du monde. Malheureusement, même entourés de gens supposés nous ressembler, les mauvaises habitudes reviennent au galop, et on se crispe dès qu'un parent dégaine un paquet de biscuits industriels pour le distribuer aux marmots, ou leur propose un dessin animé sur la tablette.

Si les valeurs de nos compagnons d'infortune s'opposent aux nôtres, autant couper le lien. Cela dit, va-t-on vraiment rompre une alliance précieuse avec les parents de la meilleure copine de notre fils pour des histoires de chocolat ou de Reine des neiges ?

On n'a pas besoin de partager EXACTEMENT les mêmes principes pour bien s'entendre. On n'est pas obligés de commenter le moindre « écart » supposé. On peut se souvenir que les enfants font très bien la différence entre les règles de la maison et celles de l'extérieur.

Un allié parent compatissant, fun et toujours prêt à dépanner, c'est précieux. Et peu importe si ce parent a prêté allégeance à la Pat Patrouille.

... le monde extérieur

On peut se réconcilier avec le monde extérieur en ignorant les commentaires des gens qui passent. Puisqu'ils ne nous connaissent pas, leur avis n'a pas la moindre pertinence.

Ces intrusions représentent également une excellente occasion d'exercer notre repartie. Depuis le temps qu'on rêve de rabattre le caquet de notre beau-père, ce petit monsieur, soixantenaire et chauve lui aussi, fera très bien l'affaire.

Exemples :

« C'est un garçon ?
— Pourquoi ? Vous voulez voir son zizi ? »

« Elle pleure, elle a faim non ?
— Non, c'est votre tête qui ne lui revient pas ! »

Jouissif, n'est-ce pas ?

... le corps médical

Parlons plutôt d'apaisement et d'accord raisonnable. Nous, on exige les soins respectueux auxquels nous avons droit et une relation égalitaire, informée et consentie. En échange, on promet d'éviter les procès d'intention et les amalgames.

Si un ou une pro de santé dépasse les bornes, on en change sans hésiter, peu importe si c'est le médecin de famille depuis trois générations (l'heure de la retraite a sonné). On peut même saisir l'Ordre des médecins, à condition de s'en sentir le courage.

... la société

Et enfin, comment on se réconcilie avec la société ?

C'est une question piège : la société est encore profondément sexiste, raciste et homophobe. Elle ne mérite pas qu'on se réconcilie avec elle. Elle mérite qu'on s'implique dans les causes qui nous tiennent à cœur, ou, *a minima*, qu'on ait conscience de son pouvoir de nuisance. La réconciliation, ce n'est pas pour tout de suite.

Est-ce qu'on peut encore juger les autres ?

Pour récolter la bienveillance, il faut semer la bienveillance. Un précepte sage, mais difficile à appliquer en permanence. On ne peut pas toujours s'empêcher de juger, d'autant que parfois, ça fait beaucoup de bien de se défouler.

Pas de panique, ce livre n'est pas un manuel d'abnégation et d'humilité. Au contraire, il défend le droit d'être soi-même.

On ne reproche pas à nos petits agresseurs du quotidien d'avoir un avis, mais de le partager sans aucune considération. On peut désapprouver les choix du voisin ou de la voisine, tant qu'on ne l'exprime pas à haute voix... ou seulement à des confidents fiables, qui savent qu'au fond de nous-même se cache un parent imparfait comme les autres, plein de biais, d'insécurité... et de compétences précieuses.

Ressources

Livres

« Être un bon parent » : une injonction contemporaine,
ouvrage collectif sous la direction de Claude Martin, Presses de l'EHESP, 2014

Enceinte, tout est possible, Renée Greusard, Lattès, 2016

Choisir d'être mère : tout ce qu'on ne vous a pas dit sur la parentalité,
Renée Greusard, Lattès, 2022

La reprise : le tabou de la condition des femmes après le congé maternité,
Thi Nhu An Pham, Payot, 2023

Être mère, ouvrage collectif dirigé par Julia Kerninon, L'Iconoclaste, 2024

Mes seins, mon choix !, Anne-Florence Salvetti-Lionne, Eyrolles, 2022

Comment éviter de se fâcher avec la terre entière en devenant parent : la parentalité en 9 questions qui divisent, Béatrice Kammerer, Belin, 2017

Parentalités, normes et injonctions, Catherine Sellenet, L'Harmattan, 2023

Le syndrome du wonderparent : travailler comme si on n'avait pas d'enfants et élever nos enfants comme si on n'avait pas de travail, Anne Peymirat, Payot, 2023

L'addiction aux certitudes : ce qu'elle nous coûte et comment s'en sortir,
Daniel Favre, Y. Michel, 2013

Happycratie : comment l'industrie du bonheur a pris le contrôle de nos vies,
Edgar Cabanas et Eva Illouz, Premier Parallèle, 2018

Éloge des mères imparfaites, Romina Rinaldi, Sciences humaines éditions, 2019

Le manuel très illustré d'allaitement : de goutte de lait en goutte de lait, on atteint la Voie lactée !, Caroline Guillot, Éditions Fi !, 2022

La remplaçante, Sophie Adriansen, Mathou, First Editions, 2021

Garde tes conseils : le meilleur des pires conseils aux parents et futurs parents,
Ophélie Bourgeois, l'Opportun, 2020

Le post-partum dure 3 ans : alors, laissez-vous du temps !,
Anna Roy avec la collaboration de Caroline Michel, Larousse, 2023

Comptes Instagram

Noémie Fachan @maedusa_gorgon

Ophélie Bourgeois @gardetesconseils

Marine Leonardi @marineleonardi

La Daronnie TMTC @ladaronnietmtc

Parents & féministes @parents_et_feministes

Judith Duportail @judithduportail_

Baptiste Beaulieu @baptistebeaulieu

Podcasts

Sage Meuf, Anna Roy, Europe 1 Studio

Bliss Story, Clémentine Galey

La Matrescence, Clémentine Sarlat

Faites des gosses, Marine Revol, Louie Media

Me'N'You - vivre ensemble, Melody Lopez et Nadège Petrel

Le podcast des Maternelles, France TV

Un grand merci à toutes celles et à tous ceux qui ont croisé la route de ce livre : parents, grands-parents, proches, autrices, chercheurs et chercheuses, psychologues, soignants et soignantes, accompagnants et accompagnantes... pour toutes ces discussions et ces entretiens qui ont nourri et affûté notre réflexion.

Merci à nos mères, Mathilde et Claire, pour leur implication et leurs témoignages.

Merci aux copines des Poilu·e·s pour toutes les soirées passées à parler de féminisme et de maternité !

Merci à Juliette de nous avoir embarquées dans cette folle (mais passionnante) aventure.

Merci à nos amoureux, Duncan et Merijn, pour leur soutien si précieux.
Et enfin, merci à nos enfants, Odessa, Abel et Senna, nos sources d'inspiration et de force quotidiennes.

Dépôt légal : septembre 2024
www.mangoeditions.com
Retrouvez-nous sur Instagram : @mangoeditions et sur Facebook : Mango Éditions

Direction : Guillaume Pô
Direction éditoriale : Tatiana Delesalle
Édition : Juliette Magro
Préparation de copie : Clotilde Berne
Relecture sur épreuves : Faustine Vimond
Direction artistique : Chloé Eve
Conception graphique : Lauraine Meyer
Mise en pages : Le Studio d'exées
Direction de fabrication : Thierry Dubus
Suivi de fabrication : Julia Mirenda

Numéro d'édition : 24L1051
ISBN : 978-2-3170-3591-3
Code MDS : MN35913

Achevé d'imprimer en Espagne par Graphycems en août 2024

MIXTE
Papier | Pour une gestion forestière responsable
FSC® C007507

Ce livre s'inscrit dans une démarche écoresponsable. Il est composé de matériaux issus de forêts bien gérées, certifiées FSC® et d'autres sources contrôlées. Cette certification garantit une empreinte carbone réduite et une gestion raisonnée de la forêt, qui maintient la biodiversité et protège les écosystèmes. Il est imprimé avec des encres à base d'huile végétale.
Il a été imaginé et conçu en France et imprimé en Europe.